Pierre Marichal

Avec la collaboration de Pierre de Saint-Amand

Les Secrets Vaudou

... mieux les connaître pour mieux s'en protéger

ISBN : 978-2-85090-768-5

Pierre Marichal

Avec la collaboration de Pierre de Saint-Amand

Les Secrets Vaudou

... mieux les connaître pour mieux s'en protéger

Éditions Bussière
34 rue Saint-Jacques
75005 Paris

Préface

Le vaudou : magie ou religion, superstition ou réalité ? Voici quelques années, lorsque j'ai atterri dans les Caraïbes avec mon ami Pierre Marichal, je n'avais en réalité aucune idée du monde à la fois fascinant et inquiétant que j'allais rencontrer.

Je n'avais, à l'époque, qu'une vision classique et biaisée du vaudou, celle des sorciers, des envoûtements, des poupées magiques. Une notion, qui tenait tout à la fois de l'image d'Epinal et du cinéma à grand spectacle que nous offre la culture hollywoodienne. Ce que j'ai découvert, et je dirais plutôt ce que l'on m'a laissé découvrir, n'avait que peu à voir avec ces notions très limitées. Je suis entré dans un univers fait à la fois de magie et de profonde connexion avec l'infini, pour le meilleur et pour le pire. C'est un monde où morts et vivants se côtoient dans un incessant ballet de couleurs et de chants ; où l'on rencontre la tolérance la plus profonde et le secret le plus complet. J'y ai aussi découvert une vision du monde où l'espoir et l'amour de la liberté vont de pair avec une crainte respectueuse des forces vitales de ce monde.

Nous avons, dans ce livre, voulu partager avec vous notre découverte de cet univers magique et surprenant, vous emmenant à la fois dans l'histoire de cette tradition et dans son vécu quotidien, vous dévoilant ainsi les arcanes nécessaires à la compréhension et à la mise en application de ce qu'est réellement le vaudou.

Pierre de Saint-Amand

Un peu d'histoire

Le 12 octobre 1492, Christophe Colomb débarque sur les côtes de ce qui deviendra plus tard les Amériques. Pensant être arrivé dans les Indes Occidentales, il nomme la première terre qu'il découvre San Salvador. Le 27 octobre 1492, il débarque à Cuba, l'une des plus grandes îles des Caraïbes, peuplée par les Indiens Taïnos. Le 6 décembre 1492 la Hispaniola - déformation du nom Isla española - aussi appelée Saint-Domingue et future Haïti est découverte par les conquistadors. Commence alors ce qui peut être considéré comme le plus gigantesque brassage de population et de culture de l'histoire de l'humanité.

Nous ne parlerons pas ici des millions d'individus venus librement chercher fortune dans ce dont on ignore encore à l'époque être un nouveau continent. Nous nous attarderons toutefois sur l'importation brutale des populations africaines, amenées de force pour servir de main-d'œuvre à des despotes souvent cruels. En effet, les conquérants vont chercher à tirer le maximum de profits de cette nouvelle terre. Les conquistadors sont d'une cruauté et d'une rapacité sans limite.

À travers tout le continent américain, ils vont piller, saccager et massacrer à la recherche d'un mythique « Eldorado ». Certains, cependant, y voient aussi la possibilité de s'enrichir en cultivant la terre et en creusant les mines. Pour ce faire, ils ont besoin de main-d'œuvre. La population locale va d'abord être utilisée comme telle, bien que l'on trouve déjà des esclaves noires dès 1517 à Saint-Domingue.

Les populations indiennes n'ont pas l'habitude de ce genre de travail et les conditions sont telles que, très vite, les nouveaux arrivants se retrouvent à court de bras. Peu à peu, les populations autochtones se voient protégées par une partie des prêtres qui accompagnent les expéditions ce qui freine le développement économique des terres. Le père Don Bartolomeo de las Casas, Dominicain de son Etat, va jouer un rôle majeur pour tente de préserver au maximum les droits des Amérindiens. Ainsi, en 1542, sont rédigées les *Leyes Nuevas* (les Lois Nouvelles) interdisant aux colons de réduire les indigènes en esclavage. En 1550 se tient un débat qui va contribuer à changer en partie l'aspect du monde. À la suite de ce débat, Charles Quint fait affranchir tous les esclaves des Indes occidentales et le légat du pape Jules III accorde aux Indiens le droit d'être évangélisé et d'accéder à un statut égal à celui des Blancs.

Toutefois, cette décision ne s'applique pas aux Noirs d'Afrique dont l'esclavage n'était pas contesté. Il finit par devenir systématique à partir de 1550 avec l'envoi des premiers esclaves noirs au Brésil. On considère que dans les trois siècles qui suivent, plus de vingt millions d'entre eux vont faire le trajet entre les côtes africaines et le continent américain. Ils viennent de partout en Afrique et essentiellement du royaume de Dahomey (actuellement le Bénin) d'où va surgir l'élément qui va leur permettre de survivre, toutes ethnies confondues : le vaudou. Transplantés sauvagement, battus, humiliés, les esclaves trouvent en effet refuge dans la religion de leurs ancêtres. La petite histoire nous dit qu'un groupe de prêtres du royaume de Dahomey avait été convaincu de faire le voyage pour aider les nouveaux « immigrés ». Confiants, ils acceptèrent de monter dans les bateaux où ils furent enchaînés comme les autres.

Arrivés au Amériques, ils décidèrent de faire malgré tout ce pour quoi ils avaient accepté de partir. La grande histoire du vaudou commence. Soutenus par les représentants de leurs religions originelles, les esclaves noirs gardèrent courage et finirent par s'enfuir et accéder à leur indépendance. Cette clairvoyance se développera sous différents noms au travers des colonies américaines : Vaudou à Haïti, Santeria à Cuba, Macumba au Brésil. Les noms diffèrent en fonction des ethnies principalement représentées sur place, mais le fond est le même partout. Il est évident que cette propagation religieuse n'était pas du goût des colonisateurs européens et il devient rapidement nécessaire de pratiquer les cultes sous formes camouflées. La religion africaine étant très ouverte aux différentes formes des dieux, on vit se développer un syncrétisme unique entre la croyance vaudou et la religion chrétienne. Ce mélange de croyances s'explique en particulier par le contrôle permanent des prêtres chrétiens sur les disciples, qui influencés dans leur éducation, remarquèrent une correspondance entre les saints catholiques et leurs divinités noires. Après tout, n'adoraient-ils pas tous un seul et même Dieu, qu'il s'appelle Dieu chez les chrétiens, Mawu-Lisa ou Olorun chez les Noirs venus d'Afrique ou plus tard, Bondye ou Gwanmet à Haïti par absorption du langage des blancs. De toute manière, chacun appelle son Dieu comme il l'entend. D'un point de vue religieux, les esclaves étaient d'une tolérance parfaite, chose qui perdura à travers les sévices, exclusions et autres ostracismes.

Le vaudou est à présent considéré comme une religion officielle depuis 1987.

CHAPITRE I

Le vaudou, religion ou magie ?

Qu'est-ce que le vaudou ?

C'est là que se trouve toute la question : religion, magie ou encore mouvement de réunion populaire ? Le vaudou est un peu tout cela à la fois, entre rituels magiques, prières et philosophie de vie il s'inscrit dans de nombreux domaines du quotidien : médecine, art, religion et justice.

Le mot « vodoo » tire son origine du dialecte Fon, une ethnie du Bénin et signifie « esprits ». Selon les endroits, il désigne les différentes divinités adorées, voire certains rituels et fétiches utilisés lors de ces cérémonies.

Quelles sont les caractéristiques du vaudou ?

Comme expliqué précédemment, le vaudou tire son origine du syncrétisme entre la magie africaine et des pratiques religieuses associées au catholicisme. Le vaudou s'apparente à une religion monothéiste, puisqu'elle repose sur l'adoration d'une entité suprême, Nanu-Baluku, auss appelé le Fa, qui est à l'origine de tout : il est l'énergie, la force universelle. De lui émane Manu, divinité créatrice et son jumeau Lisa, dieu du soleil et du pouvoir au Bénin ; ils condensent le masculin et le féminin, le positif et le négatif. Dénommé aussi Olorun ou Gwandmet à Haïti, on cite cependant ce loa au début de toute cérémonie avant d'invoquer les entités spécialisées.

Selon certains cultes vaudous spécifiques, l'être suprême est symbolisé par le python Dan Ba ; on dit qu'il a ouvert les yeux à l'univers et permis à l'homme de venir au monde. Cette divinité suprême chapeaute l'activité de l'ensemble des entités de la cosmogonie, mais n'intervient jamais personnellement dans la résolution des problèmes humains. Pour communiquer avec lui, les hommes doivent donc s'en remettre aux « loas », les esprits de la religion. Esprits intermédiaires entre le créateur et les humains, ils peuvent être comparés aux anges et saints de la religion chrétienne.

Le culte vaudou a été très rapidement amalgamé par les esclaves noirs pour deux raisons. D'abord, il s'agit d'une question de similitude ; ils n'y voyaient en effet que l'expression chrétienne de leur propre croyance. D'autre part, le culte vaudou en lui-même étant interdit, il s'agissait là d'une façon commode d'adorer leurs propres entités.

TABLEAU COMPARATIF

NOMS	RITES	COULEURS	POSSESSION
Damballah	Rada	Blanc	Initiation des mouvements de la couleuvre
Aïda Oueddo	Rada	Bleu et blanc	Initiation des mouvements de la couleuvre
Erzulie	Tous	Bleu et rose	Air séduisant, à comportement provocateur
Agoué	Rada	Blanc et vert	Recherche d'eau pour plonger et nager
Simbi et Dosou	Petro	Noir et gris	/
Hogou Ferraille	Rada	Noir et rouge	Langage autoritaire et trivial
Hogou Marinet	Petro	Noir et gris	Mime de la chouette
Shango	Rada	Blanc	/
Agaou Tonnerre	Rada	Blanc	/
Legba	Rada	/	Brutalité, force, violence
Loko	Rada	Gris	Air paysan

Cousin Zacca	Rada	/	/
Les Guédés	Petro	Noir et violet	Macabre et grivois
Bawon Samdi	Petro	Noir et violet	Macabre et grivois
Gwanda-Brigitte	Petro	/	Macabre et grivois
Mondong Congo	Congo	/	Brutalité

TABLEAU COMPARATIF

NOMS	OFFRANDES	ATTRIBUTIONS	CORRESPONDANCE CHRÉTIENNES	SYMBOLES
Damballah	Poulet, riz, lait, oeufs	Richesse, fortune, bonheur	Saint Patrick	Couleur arc-en-ciel
Aïda Oueddo	Poulet, riz, lait, oeufs	/	/	/
Erzulie	Objets de toilette, mets raffinés, riz et poules	Amour	La Vierge Marie	Coeur
Agoué	Moutons blancs, poules, champagne	Protection, navigation, commerce maritime	Saint Ulrick	Barque, avirons
Simbi et Dosou	Animaux noirs ou gris, cochons, boucs, pintades, dindons, poules	Malheurs	/	Bassin
Hogou Ferraille	Coq rouge	Lutte contre la misère	Saint Jacques le Majeur	Sabre planté à terrre
Hogou Marinet	Poules plumées vivantes, chèvres et truies noires	Voyages	/	La chouette
Shango	Bélier, coq rouge	Porte chance, pluie	Saint Jean Baptiste	Béliers
Agaou Tonnerre	/	Pluie	Saint Jean Baptiste	Lézard

Legba	Cassave, riz, banane verte	Protections des foyers	Saint Pierre, Saint Antoine	Un vieillard infirme et mal habillé
Loko	/	Guérison	Saint Joseph	Paysan avec canne et pipe
Cousin Zacca	Maïs, pain, eau-de-vie	Récoltes	/	Paysan avec pipe et sacoche
Les Guédés	Harengs salés, chèvres et poules noires	Maléfices à faire et à repousser	/	Cadavre, croix noire
Bawon-Samdi	Chèvres, cochons et poules noires	Maître des morts	/	Haut-de-forme, habits noirs
Gwanda-Brigitte	Chèvres, cochons et poules noires	Femme du maître des morts	/	Habits noirs
Mondong Congo	Chien vivant	Le mal	./	/

Le tableau ci-dessous établit les correspondances entre les principaux loas et leurs homologues chrétiens.

Nous reviendrons sur les loas et leurs spécificités plus loin dans notre développement. Dans la hiérarchie vaudou, vient derrière les loas un élément essentiel du culte : les morts ou guédés. D'après eux, nous posséderions deux âmes : « Tibonange » et « gwobonange ». La première peut être comparée à votre ange gardien, une entité qui vous suit pas à pas et à qui vous pouvez demander conseil, elle vous protégera et tentera de vous éviter les embûches. La seconde correspond à la partie en contact avec les entités supérieures.

Rappelons-nous que pour le « vaudouisant », comme pour le chrétien, la puissance du Dieu suprême est toute chose, il est pour ce faire représenté par les loas dans les différentes manifestations de la nature comme dans les réactions de l'être humain. Il en découle une interaction permanente entre le monde des Hommes et celui de Dieu. De cette interactivité dépendra l'équilibre de la création. Il y a donc un échange permanent entre ces deux mondes, et si cet équilibre est rompu, nous verrons alors apparaître maladies, guerres, cataclysmes.

Comme vous l'avez, sans doute, déjà compris, les représentants divins sont très actifs dans la vie de tous les jours ; mais comme il doit y avoir une balance correcte entre les différentes parts de l'univers, les hommes seront aussi très présents dans l'autre face de cette réalité. Ainsi, le territoire où vont se rencontrer les deux univers est celui de la mort.

D'après le vaudou, l'être humain est constitué de cinq corps différents (on ne pourra s'empêcher d'établir la corrélation avec les sept corps des philosophies orientales ou leurs équivalents kabbalistiques) :

- Le **Ko Kadav** (« corps cadavre ») est le corps physique, l'enveloppe matérielle qui disparaîtra au moment de décès.
- Le **Nâm** est le corps énergétique de base. C'est lui qui nous permet de fonctionner, c'est notre énergie motrice. Elle retourne à la terre mère après notre décès.
- Vient ensuite le **Zétoil** qui correspondrait plus ou moins à une part de nous, résidant en permanence dans le monde des loas, comme un ambassadeur. Son rôle est de nous transmettre les instructions de l'au-delà concernant les grandes phases de notre destinée.
- Le **Tibonange** apparaît comme notre interface psychique. Il représente notre personnalité et nous permet d'acquérir le savoir. Il a aussi un rôle d'ange gardien, nous avertissant des dangers, allant chercher des

informations pour nous ou pouvant nous servir à pratiquer des actions à distance. C'est lui qui nous quitte durant notre sommeil pour nous transmettre des informations sous forme de rêve. Vu sa mobilité, il est aussi la cible préférée des sorciers qui vont tenter d'en prendre possession pour faire de la malheureuse cible leur esclave. Après notre mort, « Tibonange » reste encore quelques jours parmi nous avant de s'envoler pour vivre au royaume des morts. Ce voyage, il l'effectuera accompagné des rituels adéquats. S'ils ne sont pas accomplis dans les règles, il deviendra alors un fantôme et restera sur terre pour hanter les vivants. Il pourra à nouveau être capturé par les sorciers pour leur servir d'esclave psychique voué à toutes les basses besognes.

- Enfin, nous trouvons **Gwobonange**, qui est une énergie de cohésion avec l'ensemble des énergies activées sur cette terre. Il est notre part d'essence divine qui après notre décès rejoindra le monde divin, le « Ginen » pour y devenir lui-même un loa. Nous avons déjà cité l'intérêt des magiciens noirs pour « Tibonange ». Mais tous nos corps sont susceptibles d'être capturés par ces démons.

Les adeptes du vaudou sont donc en permanence en train de vérifier s'ils n'ont pas été envoûtés. Maladies, accidents, difficultés commerciales, tout est sujet à un risque d'envoûtement. Chacun, cependant, y allant aussi de son action magique pour obtenir ce qu'il désire. Après tout, si l'on court d'une façon permanente ce genre de risques, pourquoi ne pas en profiter ?

Sur la base de ce mode de croyance, la vie du « vaudouisant » est sans cesse ponctuée de rituels et d'offrandes aux différents loas pour obtenir soit leur protection, soit leur aide active. La relation entre le pratiquant et ses loas, comme nous venons de le voir, est d'une importance capitale dans sa vie quotidienne.

Dès sa naissance, l'adepte va être mis en contact avec l'autre monde, d'une façon surprenante, par le biais du baptême catholique. Surprenante pas tout à fait, car au cours des quatre siècles précédents, le mélange entre animisme africain et catholicisme est devenu tellement homogène que les habitants des régions pratiquant le vaudou en sont arrivés à la constatation suivante : une personne catholique est directement « vaudou » et si celle-ci renie le culte alors elle se dirige vers l'enfer chrétien. Les loas tout comme les anges et les saints lui « taperont sur la tête » ; la punition suprême pour tout « vaudouisant » étant naturellement l'excommunication.

Notre jeune baptisé est, par ce sacrement, accepté dans la grande famille des croyants en général et dans son clan familial personnel en particulier. Il s'assimile donc à ce mode de pensée intégrateur qui, comme nous l'avons expliqué précédemment, a permis la survivance de l'ancien peuple esclave à travers toutes ses vicissitudes. Il va alors recevoir son héritage spirituel, ses **loas-racines**. Ce sont les loas qui protègent son clan, des esprits de famille. Il est censé les honorer, se mettre à leur service et en échange, ils lui assureront leur protection. Notez bien qu'il est toujours question d'échange. Ici on a rien sans rien et selon les catégories du loa, nous verrons que les enchères peuvent monter.

Protégés par ces esprits tutélaires dès la naissance, les parents s'occuperont de le contenter jusqu'à ce qu'il soit capable de prendre sa protection en charge lui-même. Le jeune ne prendra réellement contact avec ses entités de famille qu'après son initiation. Il pourra, à ce moment-là, choisir son loa personnel : le loa **maitre-tête**. En réalité, ce choix va souvent lui être imposé par les loas eux-mêmes, par le biais du prêtre qui va pratiquer son initiation. Ce maitre-tête l'aidera à assurer la bonne marche de sa vie.

Comme nous l'avons dit, la culture vaudou navigue en permanence entre l'univers des vivants et celui des morts, et dans ce *no man's land* se trouvent des entités étranges, plus réellement humaines, mais n'appartenant pas à la cosmogonie vaudoue, nommées « les zombies ». De nombreux films d'horreur ou de livres fantastiques ont été élaborés sur la base de ce « mythe ». Mythe ? À voir. Si vous vous baladez dans les Antilles, vous vous rendrez compte qu'il ne viendrait à l'idée de personne de douter de leur existence...

Mais qu'est-ce qu'un zombie exactement ?

Au sens originel du terme, il s'agit de jeunes enfants morts, enterrés sans avoir été baptisés. Leurs corps, entiers ou fragmentés, sont récupérés par les sorciers pour leurs opérations de magie noire. Le fait de posséder comme talisman un morceau de ces bébés zombies, préparé correctement, donne au « vaudouisant » un pouvoir absolu, mais uniquement pour un temps déterminé. Ce type de sorcellerie vaudou est pratiqué quasi exclusivement dans le cadre des sectes très redoutées comme les Raras et les Sans Poils dont nous parlerons un peu plus loin.

Actuellement, le terme de zombie est plus connu dans la compréhension du mort-vivant. C'est entre autres cet aspect du vaudou qui lui donne sa réputation démonique ; les sorciers utilisent le phénomène zombie pour faire régner la terreur.

Le principe est simple : le sorcier choisit une victime qu'il utilisera par la suite comme esclave dans une plantation ou pour des activités plus sombres. Le choix du malheureux zombie se fait souvent à la demande d'un client ; celui-ci vient réclamer au sorcier de lui fournir un zombie pour des raisons personnelles (besoin de main-d'oeuvre, histoires de vengeance...). Il lui soumet certains critères qui vont permettre au sorcier de définir la victime. Pour se venger, ce dernier s'arrange pour faire ingurgiter à sa victime un mélange particulièrement toxique, à base de certains types de poisons, de crapauds et de plantes contenant des toxines telles que la tétrodotoxine et la scopolamine. Ce mélange était souvent imbibé sur leurs vêtements afin que les toxines s'imprègnent dans leur peau. La personne impliquée sombre peu à peu dans un coma proche de la mort. Le corps est alors enterré de façon tout à fait classique. Après un délai précis et connu du praticien, le mort se réveille petit à petit dans son cercueil. Ce retour à la « vie » dans l'espace confiné de la bière lui provoque le premier traumatisme fatal.Il est alors déterré, dans le cadre d'un rite démonique et on lui administre, à ce moment-là d'autres drogues qui achèveront de le mettre sous la dépendance totale de son futur maître.

De nombreux cas de zombie sont encore connus à l'époque actuelle et si l'on parvient à circonscrire l'empoisonnement en lui-même, on n'a toujours pas trouvé le moyen de rendre à l'ex-zombie toute sa lucidité. Les dégâts sont pour l'instant toujours irréparables. On parle alors de **zombie-savane** : des morts-vivants relâchés par leur maître évoluant dans la nature sans savoir vraiment qui ils sont.

La dernière sorte de zombie souvent évoquée est celle de **zombie astral**. Le sorcier, dans ce cas, n'utilise pas le corps de sa victime, il se contente de capturer son esprit (tibonange) pour lui faire faire toutes les sales besognes où une action physique n'est pas nécessaire.

Les différents rites vaudous et leurs loas

Le vaudou présente des facettes très nuancées allant du spirituel le plus profond à la magie la plus noire. Dans ce cadre, nous retrouverons les loas qui, dans la diversité de leurs formes et de leurs actions, mettent en évidence nos comportements humains tant dans le bien que dans le mal.

Qui, ou que sont les « loas » ?

Le loa, comme nous l'avons déjà dit, peut être comparé aux anges et aux saints de la religion chrétienne. Émanation de l'esprit suprême, le loa symbolise chacune des particularités de ce dieu dans lequel l'humain va reconnaitre ses propres spécificités et ainsi, en cherchant à les comprendre, pouvoir rejoindre ce Dieu. Le loa sert à la fois de représentation possible du créateur et d'interface de communication entre le Dieu suprême et l'humain, offrant à ce dernier la possibilité de bénéficier des pouvoirs supérieurs prédéterminés par la nature propre de chaque loa.

Ces multiples aspects peuvent être synthétisés dans les différents rites au travers desquels ils s'expriment.

Il existe sept modes rituels principaux :

I **Le vaudou Arada ou Rada** : le plus spirituel, le plus religieux. Le rite Rada est resté très proche de ses racines africaines et d'une façon générale, les loas radas sont positifs. Ils sont les expressions d'une religion naturelle respectant les forces de l'univers. La religion pratiquée actuellement au Bénin reste très semblable au Rada pratiqué dans les Caraïbes.

2 **Les Congos** sont de l'opinion des pratiquants, plus puissants, moins mystiques que les Radas. Ils offrent à leurs initiés des possibilités pratiques voire matérielles, beaucoup plus importantes. Mais n'oublions pas que l'on a rien sans rien et les offrandes et sacrifices demandés sont beaucoup plus importants et onéreux. Comme le dit le proverbe : *« On n'attire pas les mouches avec du vinaigre ».* Les loas congos sont exigeants ; ils réclameront leur dû et puniront les inconscients qui tenteront de les tromper. Cependant, on ne les contactera « théoriquement » que pour des motifs justes.

3 **Les Petros** : mélange plus récent des différentes ethnies, les loas petros sont apparus à l'époque de l'esclavage. Ils sont donc violents et passionnés. Ambivalents et obscures, on les invoquera pour des vengeances, des colères, des punitions, bref pour des actions pouvant aller jusqu'à la mort de la victime. Leurs exigences sont énormes, souvent des sacrifices humains soient relativement fréquents dans les pratiques noires de certaines sectes.

4 Plus nous avançons dans la liste, plus nous allons vers une magie noire et puissante. Certains loas radas, gardiens des bonnes causes et représentants des énergies positives, sont transposés sous forme d'avatars en **loa petro**. On les retrouve alors détournés de leurs buts originels et accomplissant des œuvres très peu humanitaires.

5 Pas totalement assimilés aux loas, mais se rapprochant fortement d'eux, **les guédés ou seigneurs de la mort** ont droit à des rites très personnels. On les retrouvera alliées aux loas dans les envoûtements négatifs. Ils sont dirigés par un des loas principaux Bawon Samdi, maître des cimetières, loa de la mort et père de tous les guédés. Leur nom vient du clan des « guédévi », ethnie la plus ancienne connue au Bénin. Ils ne sont cependant pas que négatifs ; ils sont aussi la représentation du culte des ancêtres.

6 Tout-puissants sont les loas achetés. Loas non révélés, ils ne participent pas aux listes d'héritages (rappelons que chaque « vaudouisant » reçoit à la naissance les loas de son clan ainsi que son loa maitre-tête qui se révélera à lui en fonction de ses besoins). **Les loas Ronins** se louent plutôt qu'ils ne s'achètent et coûtent très cher. Ils sont souvent utilisés comme talismans, assurant à leurs employeurs une impunité totale et une protection à toute épreuve, à condition bien entendue que les adversaires n'aient pas payé plus cher pour un loa plus puissant.

7 La dernière catégorie que nous citerons est celle des **Zandors**. Ceux-ci ne sont pas accessibles aux communs des mortels. Il s'agit d'un culte secret dont on ne fait qu'entendre parler. Pratiqué par les initiés de certaines sectes, ce rite donnerait à ses adeptes des pouvoirs tout à fait spéciaux : possibilités de se transformer en loup-garou, en chauve-souris, de disparaître et d'autres effets de haute magie.

En dehors des rites cités plus haut, il existe d'autres entités hors rites. Parmi eux, nous citerons les Cabocles, esprits de la forêt invoqués comme des protections journalières. Ils représentent la part apportée par les Indiens au culte vaudou. Cependant, comme toute entité invoquée dans le vaudou, ils ne sont pas à prendre à la légère ou à provoquer si l'on ne tient pas à subir de vilaines surprises.

Enfin, les derniers dont nous parlerons sont **les Bakas**, de méchants esprits familiers utilisés comme seconds couteaux par les sorciers. Ils sont généralement représentés sous la forme ridicule de poussins à tête de crapaud et servent à toutes les basses besognes, de l'espionnage au meurtre.

Les vévés

Chaque loa se caractérise d'abord par son dessin : **le vévé**. Celui-ci va reprendre ses éléments constitutifs de façon symbolique en montrant, dans un premier temps, la destination terrestre du loa, puis dans un second temps, l'esprit dans lequel il va être appelé. Enfin, par la puissance des ondes de formes accumulées dans la pensée collective depuis des siècles, il va aider à appeler l'entité concernée.

Rappelons-nous que le vaudou est une religion transmise traditionnellement à l'oral et non par les livres. Le vévé en est la mémoire scripturale. Mémoire des hommes, il leur sert donc d'interface avec l'au-delà, leur permettant ainsi d'en ouvrir les portes, tant pour la connaissance que pour l'action.

Le vévé est tracé à même le sol du temple avec de la farine de maïs. Il disparaîtra donc aussi rapidement qu'il est apparu, impermanence des choses dans une continuité absolue. Souvent, le prêtre aura à peine le temps de finir de déposer la farine que le loa sera là, l'investissant dans une possession dont nous parlerons plus loin.

N'étant qu'un outil permettant d'appeler les entités, le dessin devient par la suite inutile et disparaît, piétiné par son auteur devenu dans le même temps et le même lieu à la fois émetteur du message et récipiendaire de celui-ci. Ce sera désormais le prêtre qui prendra la place de son œuvre en tant que lien vivant avec l'autre monde.

On peut également trouver les vévés en décoration sur les objets ménagers, en protection sur les murs des maisons et des temples, rappelant ainsi à chacun la présence permanente et absolue des énergies divines parmi nous.

Quels signes retrouve-t-on dans les vévés ?

Il existe un vocabulaire de base des vévés qui va permettre au prêtre de faire comprendre son intention profonde. Ce lexique est valable, quelle que soit la région où le rite se déroule, nous offrant en même temps un moyen de communication allant au-delà des langues et des ethnies, et formalisant ainsi l'universalité des forces qui nous entourent.

Voici donc un petit abécédaire du vévé qui nous permettra de mieux comprendre les dessins plus complexes qui suivront lors de la présentation des principaux loas.

Symboles de base de la construction des vévés

L'étoile

Symbole de la ville d'Ifé, ville sainte, et rappel des origines africaines.

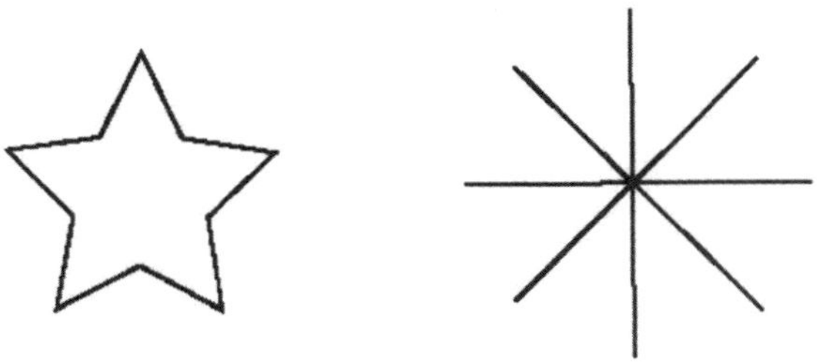

Le cœur

Présent d'une façon quasi-constante, il symbolise l'amour ; aussi bien l'amour entre humains que celui, plus général, de l'univers.
Il est aussi la représentation basique de loa Erzulie.

Les croisillons

Ils représentent l'union sexuelle souvent présente dans les cérémonies. Celle-ci rappelle que Mawu-Lisa est à la fois l'homme et la femme originels, créateur du monde des vivants comme de celui des morts.

La croix

Carrefour des routes empruntées par les vivants, elle rappelle que l'on n'est jamais loin du monde des morts. Elle est la symbolique de base de « Bawon Samdi », seigneur de la mort, elle est aussi le signe des guédés, ses serviteurs.

Le triangle

Il nous rappelle que par l'union des trois principaux : Rada, Congo et le Petro, le vaudou est le ciment de la population d'origine africaine. Il signifie aussi que par la réunion des connaissances et de l'amour universel, l'homme peut évoluer et avancer vers les dieux.

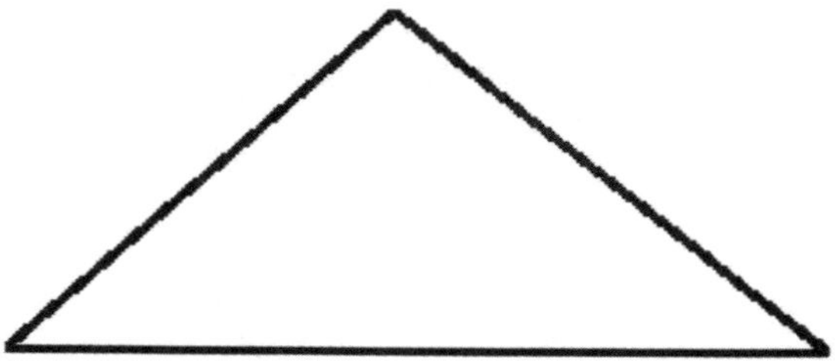

Le serpent

Symbole de la connaissance, il nous rappelle à l'image d'un des dieux créateurs : Damballah. On ne peut pas ne pas remarquer que ce signe, venu de l'animisme africain, rejoint notre culture chrétienne dans la représentation de la connaissance à la fois génératrice d'un monde, mais en même temps, germe de la destruction de celui-ci. La connaissance, exprimée sous cette forme, doit aussi nous faire penser à ce serpent, classique représentation des énergies dans les cultures orientales (pensons au serpent de la Kundalini). La connaissance n'est-elle pas cette énergie indispensable à notre évolution ? Mais tellement dangereuse quand elle n'est pas contrôlée, à moins qu'elle ne soit tempérée par l'amour universel, énergie positive ou négative, masculine ou féminine. Elle s'entrecroise souvent dans un entrelac de circonvolutions pour se superposer aux croisillons cités plus haut. Cette connaissance devient alors l'outil donné par les dieux aux initiés pour régler les problèmes de notre dimension, qu'ils soient d'ordre psychique ou physique, comme le serpent de caducée d'Hermès.

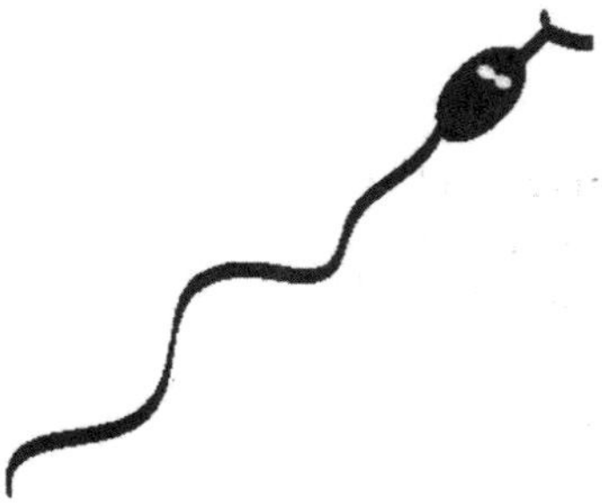

La crosse

La même forme se retrouve légèrement modifiée dans la crosse de Legba, gardien des portes de l'autre monde, celui qui nous ouvre ces portes et nous permet d'accéder à cette autre face de notre univers. Ce bâton tordu est aussi la connaissance clé nécessaire pour accéder aux autres facettes de la création. Objet de pouvoir, comme le bâton de Moïse qui devient serpent devant les magiciens de pharaon, il nous donne un appui pour avancer sur la difficile route de la découverte, mais dans le même temps, il peut punir celui qui enfreindra les règles et s'aventura là où il ne peut pas.

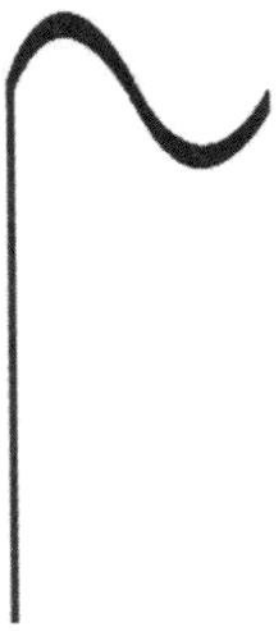

Les cornes

Nous dédoublons cette crosse dans ce symbole représentant la prise de possession par le loa du pratiquant. La connaissance et l'énergie des loas rencontrant celles des hommes dans un face-à-face souvent spectaculaire, qui nous ouvre les voies du savoir et de l'évolution.

Le bateau

Autre symbole que nous apercevons souvent sur les vévés, le bateau nous rappelle l'origine africaine des pratiquants arrachés à leur terre natale pour venir souffrir et périr, souvent, aux Amériques, mais en même temps, leur permettant une nouvelle possibilité d'évolution. Le bateau devient alors la représentation de ce voyage initiatique, nous faisant passer des rives de l'ignorance à celles de la connaissance, de celles de la vie à celles de la mort ; mais c'est une mort pour mieux revivre, dans un univers qui se dévoile alors dans sa réalité la plus profonde au-delà de toute illusion.

L'œuf cosmique

Le bateau dont nous venons de parler nous mène à prendre contact avec les informations contenues dans l'œuf cosmique, là où est inscrit le destin de l'humanité.

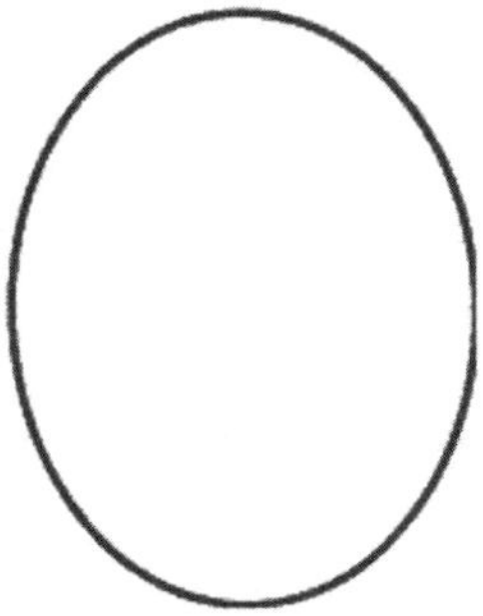

La feuille de palmiste

Symbole de l'union avec la nature.

Le Zin-zin

Le dernier symbole générique dont nous parlerons est le cercle contenant la croix, représentant le « Zin-zin », récipient sacré utilisé dans les cérémonies d'initiation et nous rappelant les nécessités du rituel.

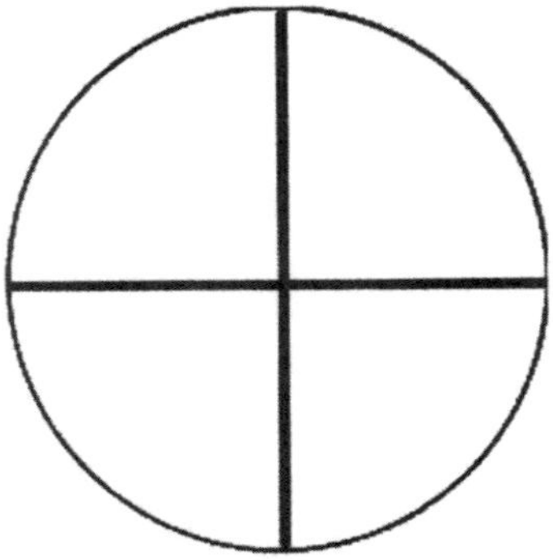

Pour transmettre toutes les informations dont nous venons de parler, le « vaudouisant » alliera, dans son vévé, la représentation graphique du symbole comme nous l'avons esquissé plus haut avec les notions des mathématiques célestes.

La signification des nombres donnant leur pleine puissance aux dessins, le pratiquant créera une connexion totale entre les différentes faces de l'énergie universelle.

Les significations de base que nous allons donner ici ne sont naturellement qu'une ébauche face à l'immensité du message contenu dans le nombre.

On peut à nouveau remarquer l'universalité des langages sacrés, que l'on soit en Asie, en Afrique ou en Amérique -.

Le nombre fait partie d'une connaissance globale incluse dans la mémoire de l'humanité et quelle que soit la tradition ou la culture dans laquelle nous évoluons, il nous ramène à un schéma toujours répété, image d'un univers où races, religions et coutumes ne sont que les différentes faces d'une même réalité.

Les principaux loas et leurs vévés

La liste des loas que nous allons donner maintenant est loin d'être exhaustive. On peut considérer qu'il existe des milliers de loas, au même titre qu'il existe des milliers d'anges.

Nous nous contenterons de parler de quelque principaux loas ; ceux que l'on évoquera ou invoquera - selon les circonstances - pour avoir accès aux connaissances ou pour obtenir les biens que nous désirons, voire pour accomplir la vengeance que nous estimons juste. Il n'est pas de notre ressort de juger les mobiles de chacun, mais n'oubliez pas malgré tout que tout se paye et que parfois, le prix peut être particulièrement élevé.

Legba

Le premier que nous allons citer est Legba, maître des Portes.

Son symbole est la crosse et ses couleurs sont le noir, le marron et le jaune. Il est aussi représenté par un vieil homme s'appuyant sur sa canne, d'où parfois le surnom qui lui est donné de boiteux.

Dans le vévé que nous vous avons reproduit ci-contre, vous reconnaîtrez les différents symboles cités plus haut.

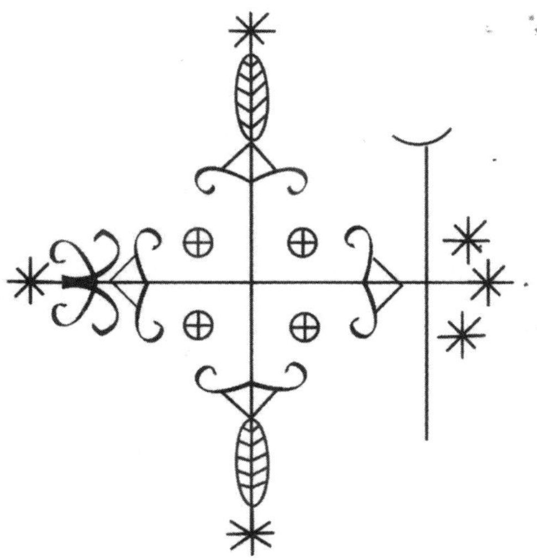

Les étoiles à huit branches aux quatre coins de la croix de base nous montrent la prise d'énergie dans toutes les directions. Protégés par la crosse de Legba, qui signe le vévé, nous pouvons distinguer les cornes de la possession vaudoue. Celles-ci ouvriront les portes du « multivers » magique. Elles entourent quatre tambours Zin-zin impliquant l'initiation nécessaire pour parvenir à la connaissance. Au Brésil, Legba se nomme **Exu** et est largement démonisé.

Bawon Samdi

Après Legba vient le Bawon samdi, maître des guédés et du royaume des morts. Il fait systématiquement partie des cérémonies vaudoues.

La croix a de multiples significations et nous la retrouverons aussi bien dans le vévé de Bawon Samdi que dans celui des guédes. Elle implique, en premier lieu la croisée des chemins, là où la vie rencontre la mort, elle nous rappelle aussi l'influence chrétienne présente dans le vaudou. Les étoiles de l'énergie vaudoue l'entourent, de même que les cornes de bélier de la possession. La tête présente sur la croix se comprend d'elle-même, mais rappelons malgré tout que dans notre magie occidentale, la tête de mort sur l'autel du magiste représentera l'élément « terre », symbolisé comme tel puisque le corps physique n'est que terre et qu'il y retournera.

Bawon Samdi est souvent représenté comme un homme très grand, vêtu de noir et coiffé d'un haut-de-forme, rappel à l'imaginaire vaudou des blancs dirigeant les enterrements en grande tenue de croque-mort.

Il est marié à « Gwande Brigitte », maîtresse des cimetières où le premier entré est une femme.

Les Guédés

Directement après leur maître, nous citerons les Guédés, esprits des morts. Ils se mettent au service des vivants pour leurs besognes peu recommandables en échange de sacrifices d'animaux : chèvres, poules noires.

Ils sont représentés sous forme de cadavre et symbolisés par des croix noires. Une grande part de leur pouvoir vient de la terreur qu'ils inspirent à la population.

Leur vévé, comme pour leur chef, comporte une croix marquant la croisée des chemins, mais chez les guédés, la tête de mort est remplacée par des croisillons de l'opposition des sexes, exprimant le goût qu'ils ont à s'occuper de ce type de problème.

Les guédés sont, en effet, représentés lors des possessions comme s'exprimant de façon particulièrement obscène et macabre. L'ensemble est déposé sur un autel à trois degrés, les degrés de l'initiation.

Le plus bas représente le stade de la vie courante. Il y est représenté des outils d'agriculture : pics, pioche, pelles et par une série de phallus.

Le deuxième étage est décoré par le dessin du mouvement fait dans l'air par le **Açon**, hochet sacré du prêtre vaudou.

Enfin, le dernier étage est celui du secret réservé aux seuls initiés de haut degré et donne différents pouvoirs occultes.

Les Hogous

Les Hogous sont les loas de la guerre et du feu. Ils existent pour nettoyer le terrain devant les « vaudouisant » à coups de hachette, leur permettant d'évoluer dans leur vie initiatique.

Ses couleurs favorites sont le noir et le rouge. Son vévé haïtien comporte les drapeaux de la république pour laquelle il aurait donné un coup demain aux combattants au moment des batailles pour l'indépendance ; en Haïti, comme partout dans le monde d'ailleurs, en tout cas partout où les noirs se battent pour leur indépendance. Il est présent à Cuba comme au Brésil sous le nom de Xango. Il est aidé dans sa tâche par les éclairs, les orages et le feu. Sur les pages suivantes, vous trouverez diverses formes de vévés représentant Hogou dont entre autres les formes « Ogum » et « Xango » en provenance du Candomblé, la macumba brésilienne.

Hogou

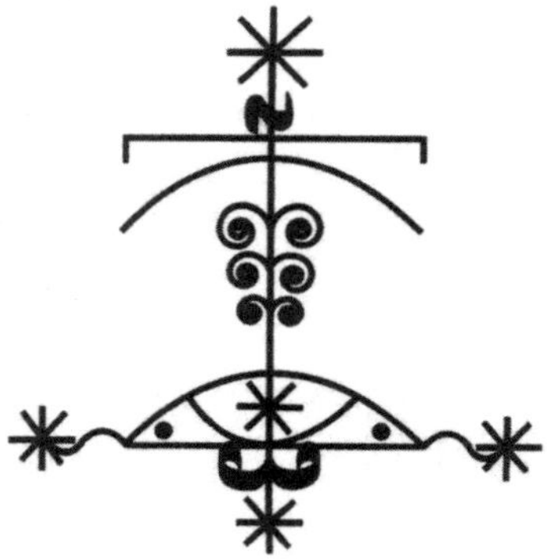

Hogou ferraille

Vous remarquerez que si l'on trouve les armes dans ces deux formes (sabre pour « Ogum » et haches pour « Xango ») les croix et drapeaux en sont absents.

Le triangle, représentant l'union des différents rites, donc des différentes ethnies, s'y trouve largement représenté, impliquant donc cette notion d'université dans la défense des noirs.

Ogum

Xango

Agoué

Seigneur des océans servi et vénéré par les marins et les pêcheurs. Il est représenté par un bateau dont le mât est surmonté d'un drapeau de guerre et de mort (rouge et noir). Il marche sur les chiffres « un » et « neuf » représentant respectivement l'homme et le ciel.

Le navire, quant à lui, est la représentation de la traversée initiatique, le voyage de la connaissance qui mène à Ifé, la ville sainte africaine, berceau du vaudou. Son homologue brésilien est « Omulu ».

Agoué

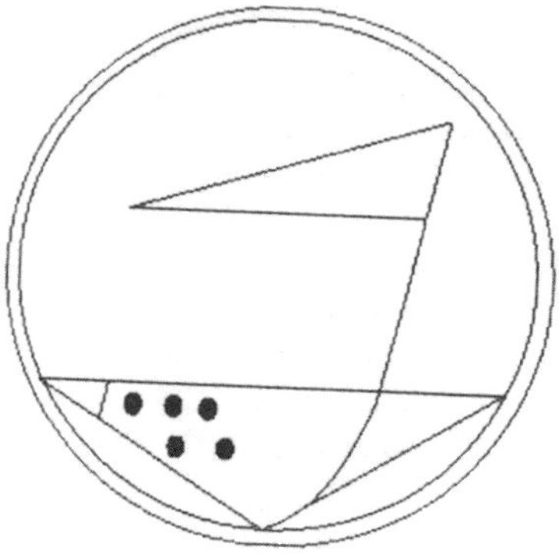

Omulu

Ayizan

Nous parlions d'association, concernant le bateau d'Agoué, nous allons y associer Ayisan (prêtresse vaudoue) aidant de son hochet magique (le Açon) les prêtres et prêtresses chargés de la transmission de la connaissance.

Son vévé est essentiellement constitué de deux grands « V » entrecroisés, symbole du macrocosme et du microcosme. Chaque branche des « V » étant terminée par les cornes du bélier de la « prise de tête », la prise de possession des « vaudouisants » par les loas dans le cadre des cérémonies.

Le centre contient la feuille du palmiste toute nervurée, symbole de l'union avec la nature. Avec ses six étoiles, Ayizan marche sur le nombre de l'étude mystique. Ses couleurs sont le vert et le blanc.

Erzulie

Autre loa essentiel : Erzulie , aussi connue au Brésil et à Cuba sous le nom de Iemanja. Erzulie Fredda Dahomey est la déesse de l'amour. Elle est assimilée à la Sainte Vierge du mont Calvaire en Haïti et à celle de la charité à Cuba.

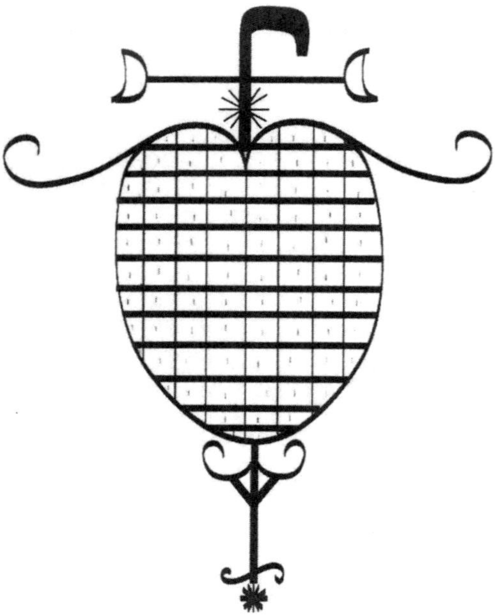

Erzulie

Son vévé est constitué d'un cœur « croix signée ». Chaque carreau et chaque point représentant une force prête à être utilisée. Au sommet du cœur, sur la crosse de Legba, symbole solaire et dans ce cas, représentatif de l'élément mâle, nous trouverons deux croissants de lune pour l'élément féminin associé à deux étoiles vaudoues.

L'amour se base sur une réunion des principes masculins et féminins. Les deux grandes boucles sur les côtés indiquent qu'un équilibre correct doit exister sans domination de l'un ou de l'autre principe.

Dans le bas du vévé, nous pouvons remarquer les cornes de la « prise de tête », symbole de la possession.

Sur ses deux étoiles, Erzulie marche sur le symbole de l'ambivalence.

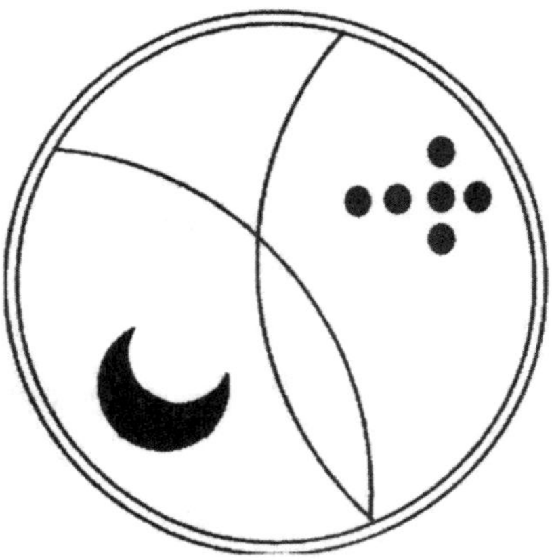

Iemanja

Loko

Loko est le dieu de l'agriculture. Malheur à l'impudent planteur qui aurait l'audace de commencer la préparation de son champ ou sa récolte sans avoir fait un sacrifice en son honneur. Il verrait tout le fruit de son travail entièrement détruit.

Imaginons l'importance que va prendre ce loa dans une contrée où l'agriculture a été pendant des siècles la principale activité.

Il est évident que, de nos jours, le tourisme a pris le pas sur le travail de la terre au niveau économique général, mais pas dans l'esprit des pratiquants. Son vévé nous démontre cette importance par le symbole que l'on y retrouve.

Autour d'une ligne centrale qui représente le **Poteau Mitan**, axe central du temple, comme nous le verrons un peu plus loin, nous voyons Damballah, le serpent de la création et de la connaissance surmontant deux paires de cornes de bélier, symbole de la possession.

La crosse de Legba accompagne le tout, marquant de son importance l'entrée du « vaudouisant » dans le monde des Dieux.

Loko marche sur quatre étoiles, le chiffre de la stabilité.

Kalfou

Kalfou, maître des destinées, est souvent associé à Legba, maître des portes du monde spirituel.

Kalfou est là pour nous indiquer la route à suivre. Il règne sur la croisée des chemins. C'est à lui que nous allons au moment de prendre une décision importante. C'est lui que nous allons invoquer au moment de pratiquer le rituel de voyance.

Sur son vévé en croix, le centre est occupé par la représentation de ce croisement des destinées. Nous voyons de part et d'autre de l'axe central, la symbolisation de l'œil de Dieu nous observant pour mieux nous guider.

En haut et en bas du croisement, les feuilles de palmistes nous rappellent que c'est en union avec la nature que notre vie pourra prendre la bonne direction.

Naturellement, les cornes de la prise de tête s'y retrouvent, comme dans 80 % des vévés.

Le loa Kalfou marche sur le nombre huit qui nous indique la nécessité de l'équilibre entre les forces du ciel et de la terre. Huit étoiles vaudoues vont entourer pour cette raison l'axe de la prise de décision.

Marassa

Le loa Marassa représente les esprits jumeaux, la bipolarité permanente de la création, le bien et le mal, le masculin et le féminin. En association avec les esprits de la nature, nous pouvons voir les cornes de la prise de tête entourer une représentation des potiquets sacrés : les « zins » ou « zins-zins ».

Ils représentent aussi le culte des enfants loas. Il est considéré comme un bienfait, voire une bénédiction d'avoir des enfants jumeaux ou triplés.

La famille qui reçoit ce cadeau des Dieux se doit tous les ans de leur dédier un culte spécial.

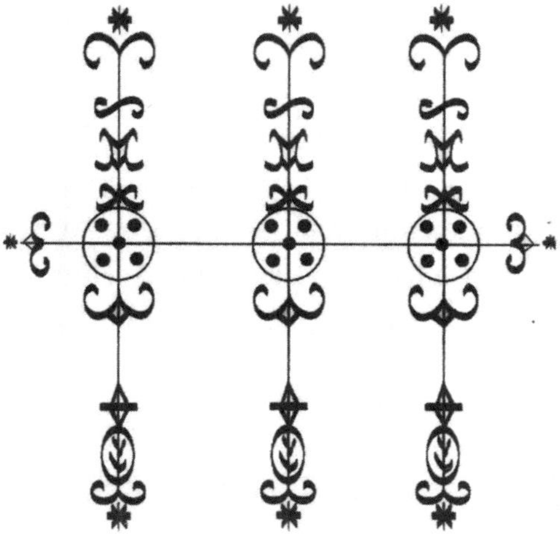

Cette famille est censée avoir reçu la responsabilité d'élever et d'aider à l'ascension de ces êtres exceptionnels ayant des pouvoirs extraordinaires et peu accessibles aux différentes maladies et attaques tant humaines qu'astrales.

L'enfant qui naîtra derrière les jumeaux sera encore plus important, car il concentrera en une entité les pouvoirs et polarités de ses frères si particuliers.

Tout cela pour nous rappeler qu'à l'origine, Mawu-Lisa était une entité double qui réunit dans sa création toutes ses différences en une balance parfaite des énergies antinomiques.

Lenglen

Avec Lenglen, nous abordons des vévés à usage plus pratique. Nous trouvons la représentation des tambours sacrés, mise en œuvre terrestre des énergies qui vont nous permettre d'entrer en contact avec les entités.

Accompagné des croisillons de la bipolarité sexuelle, nous y trouvons le bâton du tambour, mélange entre la crosse de Legba, qui représente la clé pour entrer dans le monde spirituel et le sabre de Hogou qui nous permet de nous défendre contre les mauvaises énergies.

Nago

Nago est l'esprit de la terre et des forgerons dans le feu sacré des énergies. Il forgera les armes qui nous permettront d'avancer dans la vie.

Il fabriquera ces instruments avec le minerai extrait de la terre, assurant ainsi la cohésion entre les différents éléments : la terre qui nous fournit les matières premières ; le feu qui va nous permettre de fondre les différents éléments pour les forger à notre mesure ; l'air énergie qui va activer ce feu et l'eau qui va les redurcir pour arriver au résultat final.

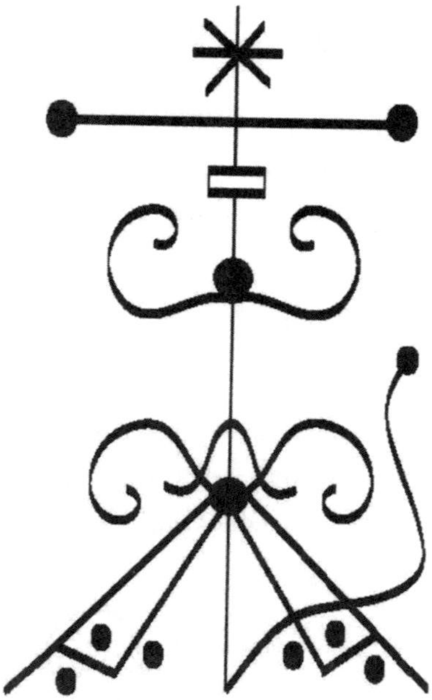

Les deux vévés suivants que nous allons vous montrer sont à utilité de magie pratique.

Simbi

Le vévé de Simbi est considéré comme la protection la plus efficace que puisse prendre un magicien blanc lors de ses rituels. Il condense en lui les influences simultanées de Legba, Kalfou et Damballah associant ainsi la puissance d'exécution, les choix judicieux des moyens utilisés et l'accès aux domaines réservés.

Il doit être porté comme talisman pendant la pratique des opérations.

Damballah

Le vévé de Damballah, à porter aussi comme talisman, nous ouvre les portes de toute la puissance magique, appelant à nous les forces des Dieux créateurs en provenance directe de l'Afrique.

Comme pour tout ce qui est magique, la plus grande prudence est à conseiller quant à l'utilisation de ce dessin. Il développe des énergies que nous devons pouvoir contrôler après que nous les ayons déclenchées.

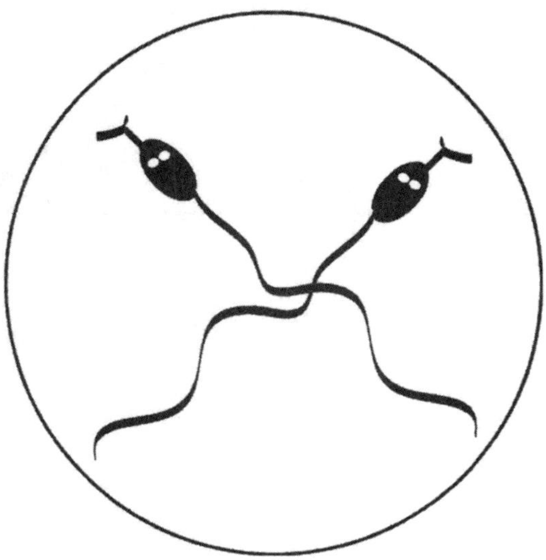

Les Zins

Les Zins sont les récipients sacrés en argile ou en métal qui sont utilisés lors de l'initiation. C'est en effet, dans ces ustensiles que l'on fera bouillir la farine de maïs dans une boule (**le boulé zin**) qui sera donnée à l'aspirant. Le vévé en lui-même a pour base trois « Zins croix signées » symbolisant l'union des principaux rites - Rada, Petro et Congo -, mais aussi l'ouverture des portes de l'univers à ceux qui possèdent à la fois la connaissance symbolisée par les serpents montants et descendants, et l'amour universel, représenté par le cœur.

L'œuf cosmique surplombe l'échafaudage coiffé des cornes de bélier de la possession.

Les Zins marchent sur le nombre trois, la trinité divine associée au nombre « un » de l'homme face au créateur.

Vévé des Zins

GRAN BWA

Le vévé suivant est celui de Gran Bwa, le loa de la forêt. Il est l'esprit de la nature et sa demeure est le tronc des arbres, sacralisant de cette façon même le monde végétal.

La figure que nous allons vous présenter maintenant est en quelque sorte un résumé des croyances vaudou. Rappelons que le vaudou est d'abord et avant tout une tradition orale, qu'il n'existe pas de livres sacrés reprenant ces divers enseignements.

C'est au travers des différents vévés que se marquent les caractéristiques spécifiques de chaque loa donc de la race humaine, si l'on considère que les entités ne sont que les reflets cosmiques de ce que nous sommes.

En partant de la base, nous traversons sept points essentiels enfermés dans les cercles associés aux trois points supérieurs, ils vont nous donner le nombre vingt et un, nombre suprême chez les vaudous, car il est la représentation de Gwan Met, « l'Être suprême ».

De chaque côté, vous trouverez les chandeliers dédiés aux esprits. Entourés par les deux triangles inversés de la féminité, nous trouvons le grillage de Hogou, esprit de la guerre et du feu.

Sous le cœur d'Erzulie, représentant l'amour universel et traversé par l'initial « M » de Marie ou Maîtresse, nous apercevons les cornes de la possession.

De droite et de gauche, montent et descendent les serpents de la connaissance.

Il faut remarquer que ces reptiles sacrés s'enroulent autour des branches de palmiste, arbre sacré lié aux cérémonies d'initiation. Enfin, au sommet apparaissent les cercles « croix signées » des Zins entourant la représentation d'Ifé, la ville sacrée.

À droite, la crosse de Legba nous offre l'entrée dans le système. Ce vévé, dans sa complexité, nous offre donc un aperçu complet du culte vaudou pris dans son côté spirituel.

On le retrouve dessiné dans les lieux vraiment importants.

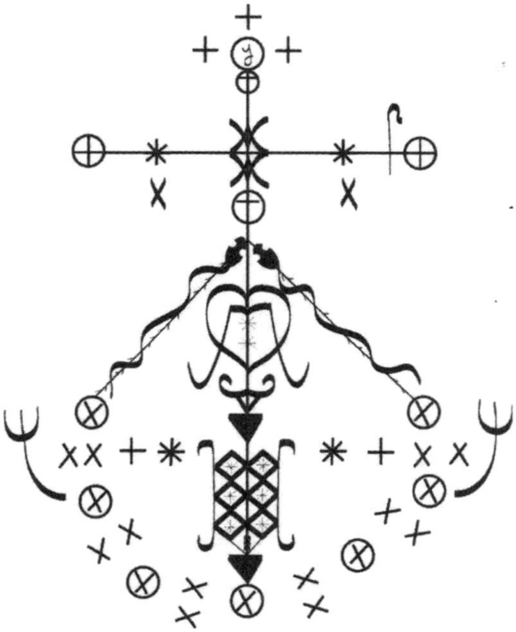

VÉVÉ DES SECRETS

CABOCLES

Le dernier vévé que nous retiendrons de cette énumération non-exhaustive est celui des Cabocles.

Qui sont les Cabocles ? Les esprits de la forêt, derniers vestiges des anciennes croyances indigènes.

Ils sont représentés comme ces petits êtres facétieux, aux blagues parfois salaces, rarement vraiment méchants, jamais vraiment gentils.

Ils peuvent rendre des services dans la vie de tous les jours, mais ils servent surtout de boucs émissaires rendus responsables de beaucoup de petits soucis.

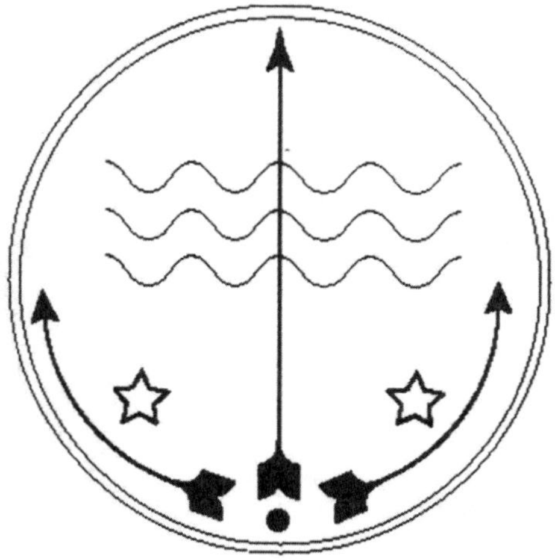

Ils ont malgré tout une importance dans leur représentation de l'intégration à la nature et en tant que partie prenante au syncrétisme général du vaudou.

Un dictionnaire complet des loas et de leurs vévés pourrait occuper plusieurs centaines de pages. Comme nous l'avons déjà dit plus haut, on compte plusieurs milliers de loas répartis en une centaine de familles différentes.

Nous nous sommes ici essentiellement penchés sur les principaux d'entre eux. Honorés surtout en Haïti, vous avez pu remarquer que plusieurs fois nous avons fait un rapprochement entre les appellations haïtiennes et celles provenant du Brésil.

Nous laissons encore à votre observation quelques vévés en provenance du Brésil. Nous vous donnons ci-dessous leurs vévés sans en donner plus de commentaires.

Analysez-les, tâchez de les comprendre. Nous sommes à l'écoute de toutes réactions de votre part.

Oxum

Oxossi

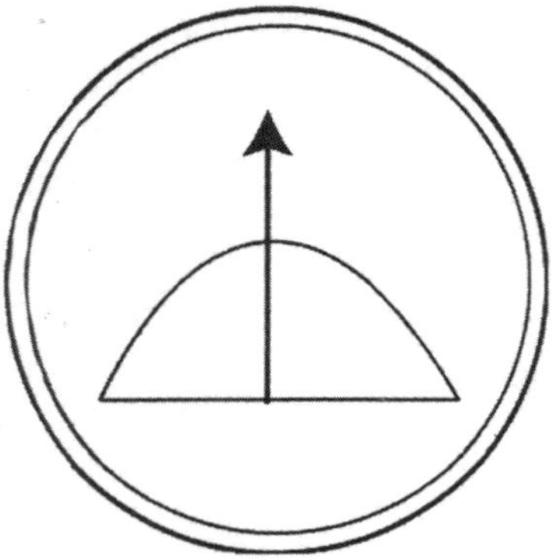

Oxola

Iansa

Comment utiliser les vévés ?

Les informations fournies dans le précédemment vont vous permettre de commencer à utiliser les vévés.

Mais quelles sont leurs utilités ? En tant que symboles représentatifs des énergies divines, les comprendre peut vous aider à vous comprendre vous-même. Mais gardez toujours en tête qu'ils ne sont qu'une image fugace d'une réalité toujours en mouvement. Apprenez donc d'abord à lire la symbolique correspond au nom du dieu auquel il est attaché. Puis quand vous aurez bien assimilé ces notions, créez vos propres vévés.

Détendez-vous complètement, pensez fortement au sujet qui vous tient à cœur et laissez-vous guider par les esprits. Pour vous aider, vous pouvez auparavant tracer le vévé des secrets ou de Simbi, ils vous aideront à trouver des solutions.

Tracez directement des vévés avec de la farine, sans faire de pré-esquisses.

Cela vous demandera un peu de pratique avant d'y arriver facilement, mais après quelques semaines, vous pratiquerez le tirage de farine avec l'aisance d'un vrai « vaudouisant ». Il est important de garder le côté fragile de la farine pour préserver la représentation de l'impermanence rejoignant en cela le tracé au sable des mandalas bouddhiques.

Le clergé vaudou

Nous avons analysé les différentes forces intervenant dans le vaudou : des Dieux principaux aux loas de base.

Le clergé vaudou représente le lien qui unit les principaux dieux et loas aux humains, leur permettant d'entrer en contact. Il est d'abord important de signaler qu'il n'existe pas de structure générale du clergé vaudou. Chaque prêtre responsable d'un temple est aussi responsable de la ligne qu'il va donner à sa pratique et à son enseignement, aidant ainsi cette religion toujours vivante à se développer.

Les guérisseurs des villages ont également une place très importante dans la société africaine et dans la hiérarchie des initiés vaudous. Très vénérés on en trouve un dans chaque village africain ainsi que dans les Caraïbes et Amérique du sud où étaient implantés les esclaves. Appelés « sorcier du village » par les colonisateurs, la dénomination « sage du village » ou « guérisseur » leur conviendrait mieux.

Ce sont des personnes puissantes et influentes qui inspirent le respect à tous les habitants. À la fois guérisseurs, herboristes, voyants et prédicateurs, conseillers, pacificateurs, ils bénissent les mariages et les nouveau-nés, protègent les guerriers et dirigent les rituels religieux. Ils sont aussi considérés comme des intermédiaires entre les ancêtres et le monde des vivants.

Le vaudou n'étant pas une religion du livre, elle a la capacité de rester en permanence en phase avec l'évolution de l'énergie humaine sur cette terre. Cependant, si chacun reste libre chez lui, la structure interne de chaque temple suit plus ou moins le même schéma hiérarchique, de même que les cérémonies suivront toujours plus ou moins la même organisation où que ce soit dans le monde.

Le maître du temple est le **Houngan** et son équivalent féminin la **Mambo**. Le vaudou exclut tout ostracisme qu'il soit d'ordre sexuel, raciste ou philosophique.

Hommes et femmes ont donc exactement les mêmes droits dans le monde vaudou, quelle que soit leur extraction sociale ou ethnique.

Le Houngan, avec l'aide de ses loas personnels, va établir le panthéon qui sera honoré dans son temple. Pour le seconder, un certain nombre de personnages-clés vont se retrouver d'une façon quasi-systèmatique.

Derrière le Houngan ou la Mambo principal.e vient la **confiance caye**. Il s'agit en général d'une femme, auxiliaire directe du Houngan ou de la Mambo. Elle veille au bon déroulement général de la cérémonie de même qu'elle fait office d'intendante du temple, s'occupant de l'aspect matériel des choses et veillant à ce que jamais rien ne change. Elle est également le contact privilégié des fidèles, faisant tampon sélectif entre eux et le prêtre. En outre, elle est aussi la conseillère principale du Houngan ; elle a de nombreuses connaissances malgré son statut et, la plupart du temps, elle est vouée à devenir prêtre.

D'autres assistants du prêtre ont aussi pour nom **Mambos**. Ils sont très proches du « Houngan » et vont le seconder dans son office, voire le remplacer en cas de besoin. Ils ont le droit de donner des conseils d'ordre spirituel aux fidèles et de créer des sous-communautés avec l'aval du Houngan.

D'un rang un peu moins élevé, nous trouvons les **Mambos Bata**. Ils ont un rôle essentiel puisqu'ils sont responsables des tambours. En faisant parler leurs instruments, ils vont réguler l'écoulement des énergies et assurer ainsi un contrôle des forces en présence. Leurs tambours sacrés sont censés être les habitations des loas dans le **Hounfor** (le temple**). La précision des battements tant dans la puissance que dans la cadence permettent de développer l'éclosion de la transe de possession.**

Vient ensuite le médium de la cérémonie chargé de contrôler la puissance des forces spirituelles présentent dans le temple durant la cérémonie.

Autour de la salle se trouvent les gardiens des portes ; ce sont des initiés en charge de veiller à ce qu'aucun profane ne vienne troubler le bon déroulement de la cérémonie.

Dans le courant de la cérémonie, d'autres serviteurs du culte appelés **Hounssi** vont reconnaître et identifier les loas au fur et à mesure de leur apparition. Ils sont aussi les organisateurs des chants, éléments essentiels à l'ambiance d'une cérémonie vaudoue. Le terme Hounssi signifie « Chevaux des esprits » en dialecte africain. Le patois créole le traduit de façon très nette en disant que le « loa va monter son cheval ». Ils représentent donc en grande partie le moyen d'expression des loas par le biais de la possession. Nous reviendrons à ce point important dans le cadre du chapitre consacré à la cérémonie elle-même. Le Hounssi responsable des chœurs du sanctuaire est quant à lui appelé **Houngenikon**.

En dehors de la hiérarchie classique du Hounfor, nous trouvons aussi les sorciers. Il est bon de rappeler que le vaudou n'a pas la même conception globale du bien et du mal que les religions classiques. Ces considérations amènent à prendre avec précaution les notions de magie blanche ou rouge.

Les prêtres vaudous, quant à eux, se démarquent fortement entre eux. Nous trouverons trois catégories de prêtres :

→ les **Houngans** classiques qui pratiquent une religion honorable où l'appel aux forces de l'au-delà est considéré comme sain. Ces prêtres, dans la majorité des cas, feront référence au rite Rada et à ses loas classiques, régulateurs d'une vie normale sur notre planète. Ils pourront cependant faire appel à des loas plus agressifs si la situation l'exige vraiment, mais toujours dans un but spécifique. Leur réticence vient du fait que pour la majorité, ils sont persuadés qu'il faut avoir fait un pacte avec le diable pour pouvoir pratiquer la magie noire.

→ Viennent ensuite les **Bokors**. Beaucoup moins scrupuleux que les précédents, ils vont accepter d'intervenir dans toutes les circonstances. Leur action, tout en étant très efficace, gardera malgré tout un minimum de mesure et leurs alliés seront tout aussi bien les loas Rada que Petro ou Congo ; la préférence allant au Petros et aux guédés. Leur rapport avec les loas est beaucoup plus mercenaire et leur correspondant d'outre-tombe agira dans le même mode de pensée.

→ Vient alors la dernière catégorie, celle des vrais sorciers noirs : les **Zobop**. La vision de cette sorte de pratiquant nous porte à croire que les fictions d'épouvantes du cinéma fantastique sont bien innocentes à côté de la réalité. Nous entrons là dans le monde désaxé des sectes où cannibalisme, zombification, infanticide et malédictions de tout genre sont monnaie courante.

Leurs alliés dans l'au-delà sont les représentations les plus sordides de nos terreurs humaines, conscientes ou inconscientes. C'est le domaine des morts-vivants, des loups-garous et des Bakas, ces affreux petits esprits familiers aux formes de poussins à tête de crapaud et autres horreurs que la génétique autant que la morale réprouve. Les loas qu'ils consulteront éventuellement sont au minimum **Petro** ou **Rada pétrofiés**, loas achetés et naturellement les **Zandors noirs**. Quant aux guédés qui seront invoqués, il s'agira souvent des âmes perdues d'assassins, de désaxés ou de rejetés d'une façon générale ;

en bref, l'esprit de ceux qui ont des raisons de se venger ou de simplement vouloir du mal aux vivants.

Dans leurs sinistres tâches, ces sorciers vont être aidés au niveau de leurs actions terrestres par les traitements connus de sectes rouges. Rouges de la couleur du sang qu'ils versent aisément entre autres pour remplacer les hosties et assurer les sacrifices rituels qu'ils pensent devoir à leurs divinités barbares. Ces sectes règnent sur la campagne haïtienne par la terreur, basée autant sur des faits authentiques que sur les psychoses ou extrapolations qui peuvent en découler. Leur pouvoir est d'autant plus important qu'ils semblent intouchables, même au niveau de la justice. N'a-t-on pas vu, en effet, des membres de ces groupes relaxés alors qu'ils étaient jugés pour meurtre, pour le simple fait qu'ils ont déclaré que les malheureux qui avaient subi leur courroux n'étaient que des animaux au moment de l'exécution, ne devenant humains qu'après leur mort.

Pour en terminer avec cette forme déplorable du vaudou, il faut cependant rappeler que malgré le côté sinistrement spectaculaire qu'elle montre et l'effet médiatique désastreux qui en découle, il ne s'agit là que d'exception par rapport à une masse « vaudouisante », le fait d'exclus sociaux donnant dans le fanatisme sanglant pour trouver une justification à leurs frustrations.

Toujours est-il que la nuit haïtienne, surtout dans les campagnes, n'est pas conseillée si vous n'êtes pas accompagné de quelqu'un qui connaît Haïti, et encore mieux, qui est connu là-bas.

Il est aussi intéressant de savoir que l'on peut se procurer des passeports ou des laissez-passer qui permettent de circuler à travers les territoires occupés par ces dangereux individus. Nous allons, en tout cas pour l'instant, en rester ici avec ces sinistres personnages et revenir à des choses plus proches des intérêts généraux en approchant les rites qui se pratiquent dans le vaudou.

Le Hounfor

Avant de se lancer dans la description des cérémonies, voyons d'abord l'espace dans lequel elles vont se dérouler : le temple vaudou ou **Hounfor**.

Il est le lieu privilégié dans les communautés vaudou, loin du concept des églises, temples protestants, synagogues ou mosquées réservés uniquement à la prière ponctuelle. Le temple vaudou est d'abord un lieu où l'on se rencontre, avec les autres, avec les dieux et enfin avec soi-même.

C'est un lieu de vie où l'on peut exposer ses problèmes, recevoir des conseils, recevoir à manger si l'on a faim et un lit pour dormir si on en a besoin.

Le Hounfor a gardé cette notion de refuge qu'avaient nos églises de jadis.

C'est donc une entité complète qui assure un service très développé à ses fidèles. Mais, bien sûr, c'est un lieu de prière, de contact avec l'au-delà.

Loin d'en discriminer les autres aspects, c'est cependant le côté spécifiquement cérémoniel que nous allons développer. Nous disons bien cérémoniel et non-religieux, car que veut dire « religions » ? du latin « *re-ligare* », le terme signifie quelque chose qui relie, qui nous relie à Dieu. Mais aussi, et pourquoi pas, aux hommes. Hors de la description que nous en avons donné, il ressort que le Hounfor est profondément religieux dans son ensemble, redonnant ainsi un vrai sens à ce mot généralement si galvaudé de nos jours.

Description du Hounfor

On pourrait tout aussi bien se balader pendant des jours ou des semaines dans les rues de Port-au-Prince sans jamais apercevoir l'ombre d'un temple ou d'une cérémonie vaudoue « authentique ». En effet, les représentations à but touristique ne manquent pas et vous en verrez surgir à chaque coin de votre promenade au même titre que vous trouverez des représentations mafieuses dans les boutiques à souvenirs de Taormina ou Catana en Sicile. Mais « la vérité est ailleurs ». Rares seront aussi les pratiquants qui vous avoueront l'être.

N'oublions pas que le culte vaudou a été interdit pendant très longtemps et que même si cette période est terminée, le souvenir reste encore gravé dans le cœur des « vaudouisants ». Ajoutez à cela la crainte développée dans les campagnes essentiellement par rapport aux pratiques du vaudou noir ou rouge et vous aurez l'ambiance générale dans laquelle vous entamerez votre recherche. Et puis soudain, vous allez faire la connaissance de quelqu'un qui va accepter de vous servir de guide et là, tout devient beaucoup plus facile. Vous vous apercevrez alors que, derrière telle ou telle petite échoppe, il se passe des « choses » qui ne sont pas dans les guides distribués par le syndicat d'initiative. Vous allez à ce moment, pouvoir entrer dans le Hounfor et qui sait, peut-être assister à une cérémonie.

La taille du Honfor peut varier ; les plus petits pouvant accueillir des dizaines de personnes et les plus grands plusieurs centaines. Il est généralement divisé en deux parties essentielles ; celle publique où vont se passer les cérémonies et la deuxième, plus privée où vont se dérouler, à huis clos, les préparations des participants et des ingrédients éventuels nécessaires aux différents types de rituels.

Dans la première partie appelée Péristyle, le nouvel arrivant, non-initié, aura d'abord une impression de simplicité, très différente de ce qu'il a l'habitude de voir dans une église catholique ou dans le temple d'une religion conventionnelle.

Autour d'un sol de simple en terre battue, les murs ne sont décorés que de quelques vévés qui représentent les esprits maîtres de l'endroit. Au centre se trouve **le Poteau mitan** entouré des représentations du serpent Damballah. Axe autour duquel tout va se passer, il est aussi la représentation du centre du monde et dans son ascension vers le plafond, il illustre le lien entre la terre et le ciel.

Autour de cet espace vont se ranger les participants et tout au fond près de la porte de sortie, les spectateurs non-initiés. Sur un des côtés s'alignent les tambours vaudous, d'après la tradition, demeure des dieux. On en trouve en général trois dans les rites Rada : la **Maman**, le **Second** et le **Boula**, recouverts de peau de vache, sont battus à l'aide d'une tige de fer : le **Hogan**. Dans les rites Petros, nous ne trouverons souvent que deux tambours, recouverts de peau de chèvre et battus à la main.

À côté de cette partie publique s'ouvre un local plus discret, la **caye mystère**, petite pièce où, comme nous l'avons dit, se préparent les différents éléments du rite. Dans cette pièce se trouve le **Pe**, sorte d'autel rectangulaire sur lequel vont être déposés les différents objets de culte. On y trouve entre autres la pierre sacrée, symbole du rattachement à la terre ; les **Govis** des pots de terre recouverts de tissus censés être la bouche des esprits et les **Pot'tet**, petits pots de porcelaine blanche contenant l'âme des initiés. Autour de ces potiquets, les Hounssi vont enrouler les colliers vévés portés pendant les cérémonies. Ces colliers reproduisent les symboles des loas, couleurs et nombres spécifiques. Avec eux se retrouvent les attributs des loas : la crosse de Legba, le sabre de Hogou, le bateau d'Agoué ou la croix des Guédés, tout cela en fonction des esprits plus spécifiquement honorés dans ce temple.

Viennent ensuite les **Paketscongos**, des sortes d'amulettes préparées lors de cérémonies tout à fait particulières et pouvant être considérés comme les témoins psychiques du « vaudouisant ». Ils vont être sa représentation astrale, lui assurant équilibre et bonne santé, voire une sorte de survie sur notre terre lorsque l'humain sera devenu un Guédé. Les paketscongos ont une importance capitale pour les « vaudouisants » qui les considèrent comme leurs jumeaux astraux veillant sur eux.

Plan du Hounfor

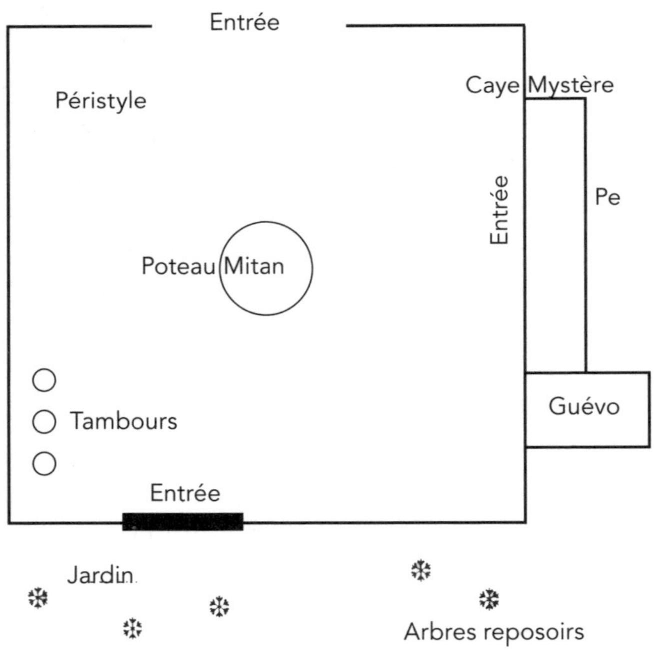

On m'a raconté l'histoire suivante, qui illustre bien cette importance. Le fait m'a été rapporté par un blanc qui dirigeait une entreprise de taxi et dont les employés avaient la possibilité de racheter leur véhicule après quelques années de travail, pouvant ainsi devenir indépendants. L'un de ces employés se promenait en permanence avec l'un de ses « jumeaux » dans sa poche, le sortant parfois pour méditer ou lui demander conseil. Un jour, son patron, en discutant avec lui et ne réalisant pas le sacrilège qu'il commettait, prit le paquet en question et machinalement commença à jouer avec l'objet sacré. Le lendemain, le chauffeur avait disparu alors qu'il ne lui restait que quelques mois avant de devenir propriétaire. Inquiet de la disparition d'un employé correct, le patron décida de mener une enquête et finit par apprendre, par son village situé à une centaine de kilomètres de là, les raisons de son absence. On lui expliqua que le chauffeur avait été gravement offensé par le manque de respect vis-à-vis de son jumeau astral et qu'il était tellement traumatisé qu'il préférait se retirer dans son village, quitte à perdre le fruit de plusieurs années de travail. Il fallut de nombreuses négociations incluant la famille des anciens du village et des excuses répétées, mettant en exergue l'ignorance des coutumes de la part d'un étranger pour qu'il considère la possibilité de son retour et donc de profiter du bénéficiaire de son travail.

Je cite cette brève anecdote pour tenter de faire comprendre l'importance réelle qu'ont ces doubles astraux pour la population. Le vaudou fait vivre ses adeptes dans un univers où réel et virtuel se mêlent d'une façon continue. Le « vaudouisant » considère ses loas et leurs représentations comme des compagnons et sa vie est rythmée en fonction de leurs bienfaits et de leurs exigences, et c'est peut-être ce qui nous poserait problème, à nous, occidentaux, qui sommes trop attachés à notre libre-arbitre, pour accepter la possibilité de devoir craindre leurs possibles réactions.

Pour en revenir au temple, dans les plus grands Hounfor on peut trouver plusieurs cayes mystères qui correspondront chacune à leur famille de loas ou à un rite différent, chaque groupe ayant ainsi sa chambre et pouvant préserver son intimité.

La pièce suivante que nous allons trouver dans le temple est le **Guévo**. Il est relativement facile de se faire inviter à une cérémonie vaudoue authentique, une fois que l'on fait preuve de compréhension et de bonne volonté. Mais, si avec un peu de diplomatie et de preuve de bonne foi, on peut, à la limite, être introduit dans la caye mystère, considérez qu'il est tout à fait exceptionnel d'avoir l'occasion de visiter le Guévo et si un jour vous en avez l'opportunité, acceptez avec humilité et respect, car c'est un grand honneur que l'on vous fait.

Le Guévo est une petite pièce, à côté du Péristyle, dans laquelle sont enfermés pendant le temps nécessaire à leur préparation mentale les Hounssis, aspirants destinés à l'initiation. Très sombre, la pièce est décorée de symboles spécifiques destinés à mettre le futur assistant-prêtre dans l'état de perception énergétique adéquate.

Se trouve ensuite pour beaucoup de Hounfor **le jardin**. Celui-ci est un élément important du temple, car c'est là que l'on pourra trouver « les arbres reposoirs », interfaces des loas avec le monde végétal.

Dans le vaudou, comme dans beaucoup d'autres traditions, entre en jeu le principe des analogies. Un loa est en analogie avec un arbre précis, une planète, un animal, une couleur, etc. Chaque arbre se trouvant dans le jardin du Hounfor sera donc en résonance avec l'un des loas honorés dans le temple et nombreux sont les fidèles qui y déposent des offrandes.

De plus, le jardin, dans de nombreux cas, accueillera la culture des différentes herbes dont le prêtre se servira pour préparer ses médecines, car rappelons-le, le Hounfor n'est pas exclusivement lieu de prière méditative, mais aussi centre de rencontre, asile pour les sans-abris et bien souvent dispensaire dont le Houngan est le guérisseur responsable.

Ce mélange entre la pratique religieuse pure et la vie active tend à nous rappeler la présence permanente des loas dans le mode de vie quotidien. La vie est énergie divine autant que l'énergie divine est dans notre vie. On peut considérer que c'est ce point de vue qui a permis au vaudou de subsister à travers tous les aléas de l'histoire. En même temps, il a permis de créer cette cohésion des anciens esclaves autour d'une religion, qui loin de considérer des dieux élitistes et éloignés, comme dans nos pratiques occidentales, mêle ses génies à la vie de tous les jours, les transformant ainsi, dans leur proximité, en de véritables compagnons aidant les ethnies opprimées à supporter puis à rejeter le joug de leurs maîtres esclavagistes.

Les cérémonies vaudoues

Les cérémonies et rituels vaudous au-delà des différences spécifiques à chaque rite - Rada, Petro ou autre - suivent malgré tout un schéma assez semblable. Généralement, les offices se tiennent à la nuit tombée, peut-être un rappel d'une période pas encore si lointaine où ils étaient totalement interdits et ne pouvaient se dérouler, aux risques et périls des officiants, que de façon camouflée.

La cérémonie commence avec les battements des tambours qui vont ponctuer toute la durée du rituel. Petit à petit, les participants arrivent, s'installent d'une façon toute naturelle à une place qui leur semble destinée. Les touristes ou autres spectateurs non-initiés se tiennent tout au fond du « Péristyle » près de la porte d'entrée.

Le **Laplace** veille à ce que cet ordonnancement soit respecté. Avec les gardiens des portes, il assure le bon déroulement de la cérémonie au niveau protocolaire et sécuritaire, toujours au son des tambours qui ne s'arrêteront que lorsque tout sera consommé.

Les différents acteurs rentrent alors en scène : le Houngan, ou la Mambo accompagné(e) des différentes aides que nous avons citées plus haut. Dans une atmosphère lancinante de percussions et de chants commence alors un événement qui se poursuivra jusqu'au lever du soleil : les **Porte-drapeaux**, tenant les emblèmes des loas qui vont être honorés s'installent, non sans avoir d'abord salué le Poteau Mitan.

Commence alors le **loa-manger** ou remise des offrandes aux esprits que l'on va invoquer. L'offrande est un élément important de la vie vaudou. Elle peut aller d'un simple verre de rhum à une vache ou une chèvre qui sera rituellement exécutée (nous ne parlerons pas ici des sacrifices humains commis par les membres des sectes rouges et autres pratiquants désaxés de magie noire meurtrière).

L'offrande crée un lien entre le loa et l'humain. Les dieux vont d'abord se nourrir puis partager la nourriture offerte avec les participants, moment que l'on peut comparer avec la communion catholique. Au fur et à mesure que la soirée avance, les rythmes des tambours deviennent de plus en plus soutenus. Mélangés aux danses et aux chants, ils créent une ambiance d'extatique dans laquelle commencent à sombrer tous les participants.

Toute cérémonie commence par un salut respectueux au Dieu suprême **Gwan Met**. Après quoi commencent les tracés des vévés, dessinés à même le sol par les « tireurs de farine ». Souvent, c'est le « Houngan » lui-même ou la « Mambo » qui tire la farine puisqu'ils ont étudié les signes durant des années et connaissent toutes leurs significations profondes. Dès lors, ils vont pouvoir, si nécessaire, improviser de nouveaux vévés mais toujours sur la base de symboliques classiques. L'originalité dans le tracé des vévés est fortement appréciée des spectateurs qui voient là une preuve que le prêtre est en phase avec les divinités qu'il va appeler. Ils savent que les vévés de base vont se modifier en fonction des circonstances et des souhaits à réaliser. Symbiose entre l'art et la talismanie, le tracé des dessins d'appel permet aussi de développer la visualisation des buts recherchés après un chant de salutation à **Damballah**, représentant du dieu suprême.

Le premier symbole à être tracé est celui de Legba. C'est lui qui va ouvrir les portes de l'autre monde et permettre la communication entre les hommes et les loas. Les premières fatigues apparaissent alors chez les non-initiés et pendant que la concentration et l'abandon aux énergies commencent chez les pratiquants, les spectateurs les moins motivés tendent à disparaître.

Soudain, ça y est, les choses commencent vraiment ; la Mambo ou le Houngan viennent d'être possédés par le premier loa. Ils sont « chevauchés ». Le spectateur novice assiste alors à une métamorphose à laquelle il a du mal à croire. La Mambo se transforme, son dos se recourbe et devient celui d'un petit vieux appuyé sur sa canne. Le loa est là, il se coiffe du petit chapeau qui est attribué à Legba. Il va s'adresser à qui a besoin de lui pour ouvrir la porte aux autres loas.

Les choses se succèdent de plus en plus vite au fur et à mesure que la nuit avance. Il n'est pas rare qu'un prêtre ou une prêtresse se fasse « chevaucher » plusieurs fois dans le courant de la soirée, passant de Legba à Hogou avec son cigare et sa machette, puis à Bawon, les esprits s'échauffant et le rhum coulant à flots en dédicace aux dieux. On peut alors assister à des spectacles auxquels l'œil civilisé n'est plus certain de croire.

Théoriquement, seuls les initiés peuvent être « chevauchés », il arrive cependant qu'un ou une touriste soit soudain pris par un loa. Il a alors la chance de vivre une expérience hors du commun faisant un bond dans des dimensions hors du temps et de l'espace.

Au début de la soirée, les danses sont réglées comme du papier à musique. Souvenir vivant de traditions ancestrales, elles nous ramènent vers l'Afrique profonde et, si l'on se laisse emporter par l'énergie qu'elles développent, on se sent alors intégré à une nature dont on réalise qu'elle est immuable. Puis petit à petit, les rythmes s'accélèrent, les chorégraphies sont moins précises, mais les loas sont toujours présents. Selon les rites et les demandes, l'évolution de la soirée sera naturellement différente, pouvant donner lieu à de « simples » possessions, quoique très intenses, ou à des déchaînements amenant à des comportements que la civilité ne contrôle plus. On peut dans ce cas, aller de l'ingestion de braises rouges à des orgies complètes en passant par des mutilations impressionnantes dont, surprise, il ne restera plus de traces le lendemain.

Lorsque le matin arrive sur des corps couchés un peu partout épuisés par les énergies développées, chacun s'en retourne chez soi prendre un sommeil réparateur.

Curieusement, si vous aviez un rendez-vous important le lendemain ou une obligation quelle qu'elle soit, vous serez en pleine forme ne ressentant de fatigue qu'une fois tous vos devoirs réglés.

L'initiation

Parmi les rituels importants, il est certain que l'initiation a une place majeure.

On peut la rattacher, dans sa conception, à la majorité des initiations connues de franc-maçon ou de disciples d'Isis en passant par les templiers et les adorateurs de Mithra. Le phénomène est universel.

Le postulant, pour avoir accès à la connaissance, va d'abord mourir dans sa vie de profane pour renaître dans la peau de celui qui sait, qui en sait en tout cas suffisamment pour pouvoir commencer réellement à escalader l'échelle de la connaissance et arriver à la compréhension totale et l'intégration à l'univers.

L'initiation est d'abord et avant tout un combat avec soi-même, avec ses peurs et ses doutes, mais aussi ses certitudes. C'est un grand voyage à l'intérieur de soi-même. Et on peut dire que toutes les questions que nous nous posons, nous en avons la réponse en nous-mêmes.

Comment se déroule la cérémonie ?

L'initiation commence quelques mois plus tôt, quand le jeune aspirant-prêtre se lance à la recherche du maître qui l'acceptera et le conduira jusqu'aux portes de la connaissance.

Comme nous l'avons dit plus haut, l'initiation est la représentation de la mise à mort d'un état d'ignorance pour renaître à l'état de celui qui possède la connaissance ; une quête comparable à celle du Graal, et proche de l'initiation franc-maçonnique avec laquelle la correspondance peut être faite presque de bout en bout.

Un vieux dicton taoïste nous dit que lorsque l'élève est prêt à le recevoir, alors le maître peut apparaître, ainsi, de la même façon, quand notre futur Houngan part en quête de son guide, alors qu'il croit pouvoir se proposer, c'est en réalité le maître qui va le choisir sans pitié ni faiblesse. Dans le Hounfor où notre jeune aspirant va arriver, il est déjà attendu. Mais il ne doit surtout pas le savoir, car il ne comprendrait pas pourquoi il doit encore être observé pendant plusieurs semaines avant que l'on soit sûr de le choisir.

Tout sera étudié, son caractère, ses réactions face à un maximum de situations possibles, son aptitude potentielle à faire un bon usage de ce qu'on va lui apprendre.

Enfin, vient le jour où on lui annonce la bonne nouvelle : il est accepté comme futur élève. Se rend-il compte à ce moment-là que les difficultés vont seulement commencer ? Ce n'est pas si sûr. Il est sous le coup de l'émotion et a également le souci de trouver l'argent nécessaire pour payer son initiation. La somme est généralement très importante, le prix à payer pour devenir un véritable être humain détenant le savoir est un lourd sacrifice, en particulier économique. Le Houngan réclamera le prix fort pour aider les jeunes demandeurs à devenir des personnes qui savent. Le jeune aspirant va passer là sa première grande épreuve.

Quelques jours plus tard, il fait son entrée officielle au temple. Ce jour-là, il a avec lui un petit sac contenant des vêtements blancs, tenue des Hounssis, c'est ce qu'il portera pour sortir de la retraite qu'il va entamer.

En effet, il va, dès cet instant et après avoir fait les offrandes nécessaires aux dieux, rester enfermé dans le Guévo durant au moins une semaine, parfois plus tout dépend de la décision du Houngan. Certains passeront même cette période enfermés dans un caveau, épreuve particulièrement pénible.

On peut comparer ce passage dans le Guévo à la mise en cabinet de réflexion de l'initiation maçonnique où l'individu est conduit les yeux bandés dans un espace réduit peint en noir avec pour toute décoration des signes et symboles incompréhensibles pour le profane, à part la tête de mort apparaissant en blanc sur le fond noir. Dans ce cabinet, il écrira son testament philosophique.

Au moment où il rentre, dans le Guévo ou dans le cabinet de réflexion, il quitte la vie profane. L'écriture du testament, comme les méditations du Hounssi doivent permettre aux futurs initiés de réaliser ce qu'ils quittent, de se rendre compte qu'il meurt dans son ancienne vie pour renaître enfin dans une nouvelle existence plus riche et plus profonde.

Durant cette semaine de retraite, le futur prêtre ne sortira qu'une fois en public, à l'occasion de la cérémonie **Boulés-Zins**.

Cette cérémonie va se dérouler selon un rituel immuable dont il est exclu de s'écarter, ne fut-ce que d'un iota. Aux sons des chants spécifiques, les Hounssi déjà nommés entrent dans la salle et commencent par les saluts rituels à leurs Houngans, puis à tous les Houngans et/ou Mambos présents dans la salle. Une fois les salutations faites, on assiste à la remise des colliers maldioques, constitués de perles et de cauris tels que nous en utilisons pour la voyance, symbole des Kanzos (les initiés).

Pendant ce temps, les prêtres résidants et leurs invités (Houngans et Mambos venant d'autres Hounfor) tracent au sol les vévés de nombreux loas : Erzulie, Damballah, Aizen, les guédés, naturellement le vévé des Zins, etc.

Les Hounssi ont préparé le matériel qui va être utilisé dans les heures qui suivent : des poulets vivants, des feuilles, des bûches de bois, et naturellement les **Zins** (pots sacrés) dans lesquels vont cuire les offrandes aux dieux.

Des chaises sont disposées devant le Poteau Mitan. C'est là que s'installeront les prêtres responsables de la cérémonie, les autres participants s'installeront à même le sol restant ainsi en contact avec les énergies de la terre et de l'Afrique, mère des loas et du vaudou.

La cérémonie commence enfin au rythme des tambours et des **Açons** (hochets sacrés, symbole du pouvoir des Houngans et Mambos).

Comme pour chaque occasion vaudoue, vient d'abord le salut à Gwan Mat, le dieu suprême, puis les invocations aux saints et anges de l'Église catholique. Elles sont directement suivies par la prière « Dior » dédiée aux loas africains.

Les poulets vivants sont alors présentés aux quatre points cardinaux avant d'être sacrifiés et remis aux Hounssis qui vont les plumer soigneusement avant de les mettre à cuire dans les trois Zins en terre cuite (deux pour les Hounssis, un pour les Guédés). Un quatrième Zin est présent, métallique, celui-là servira à faire bouillir le maïs qui servira à l'épreuve du feu.

À ce moment de la cérémonie, de grands tissus sont tendus autour des officiants dont on aperçoit plus que les ombres, éclairées par les feux des Zins. Ça y est, c'est le moment : la porte du Guévo s'ouvre pour laisser le passage aux aspirants prêtres. Ceux-ci apparaissent complètement recouverts d'un drap blanc, ils avancent courbés, dirigés par les « Mamans-Mambos ». Leur passage sous le tissu peut à nouveau être comparé au symbole maçon du passage dans le couloir, les yeux bandés. Rappelons que cette partie du rituel symbolise le passage de l'âme à travers les épreuves du couloir de la mort, épreuves qui vont permettre à l'âme de sortir de l'obscurité, de l'ignorance pour atteindre les lumières de savoir. Au moment de leur arrivée dans le cercle rituel, le Houngan prend la main du futur initié pour lui remettre une boulette de maïs brûlant avant de refermer fermement cette main. Généralement, le ou la novice en état de semi-transe ne sentira rien. Après un bref instant, la boulette sera récupérée « cuite ». Dans cet échange, elle est passée du jaune vif du maïs au brun caramel. Le plus souvent dans le cadre du Boulé Zin, les novices sont chevauchés par leur premier « loa » sous les acclamations et les chants des Hounssis. On retire alors les tissus, le contenu des Zins est déposé sur des assiettes. Puis les Zins sont remis au feu, enduits d'un peu d'huile. Le moment où ils prennent feu d'eux-mêmes est un grand instant de joie dans le temple qui explose d'allégresse : les dieux ont accepté le sacrifice, les novices sont acceptés en tant que nouveaux initiés.

On trace alors un nouveau vévé spécifique : **le vévé Consécration.** C'est sur cet emplacement que le Laplace va creuser un trou à l'aide de son sabre. On va y déposer l'assiette contenant les offrandes de poulets et le reste du maïs, recouverts par les débris des Zins, qui ont été brisés, puis par plusieurs couches de feuilles de palmier et le reste du feu. De cette façon, le ventre de la terre est ainsi devenu la matrice qui accepte par ce sacrifice l'entrée des nouveaux dans la grande famille de ses adorateurs. On referme alors le trou et on danse dessus jusqu'à ce que l'on ne puisse plus distinguer la trace de ce qui s'est passé à cet endroit.

On a retiré les bandeaux des nouveaux **Kanzos** (initiés) pour leur remettre leur **collier maldioques**, symbole de leur nouvelle condition. Durant les vingt-et-un jours qui suivent cette cérémonie, ils porteront ces colliers sous leurs vêtements à même la peau. Ils ne pourront les retirer qu'au moment de la cérémonie dite de « descente des colliers ».

Ce jour-là, les Hounssis tout fraîchement consacrés vont retourner dans le Guévo. Depuis leur cérémonie d'initiation, ils ne se sont pas lavés et portent toujours les vêtements qui les ont habillés lors de ce jour béni par les dieux. Leur tête est couverte par un foulard pour la protéger après les épreuves subies. Ils s'asseyent devant le Houngan qui trace alors les vévés de **Kalfou** (pour les guider dans les choix qu'ils devront faire dans leur nouvelle vie, entièrement dévouée au service des loas), de Simbi qui leur rappellera que la vie est faite autant de tristesses que de joies et de Grand Bwa qui va confirmer leur appartenance à la nature véritable et l'alliance faite par les nouveaux Kanzos avec tous les éléments de cette nature leur permettant ainsi de rentrer en harmonie complète avec les forces qui animent le monde.

Devant les vévés et le nouvel initié, on place une cruche d'eau, une bouteille de rhum et une assiette de farine sur laquelle est déposé le **Açon** . L'assiette de farine représente le droit qu'à maintenant le jeune Hounssi de tracer lui-même les vévés. Le Açon (hochet rituel) est le signe de sa nouvelle fonction, son sceptre de prêtrise. Le Houngan, après avoir récité différentes prières, auxquelles vont répondre les Hounssis, va sacrifier un poulet dont il signera le cadavre avec la farine. Le poulet sera évidemment préparé afin d'être donné en offrande. On fournit alors aux nouveaux Kanzos le repas avec lequel ils vont nourrir leur collier. Le repas a la particularité d'être pantagruélique, il nourrira d'abord les loas, puis les Hounssis et on y associera les enfants qui attendent leur part et le chien de la maison mettant tout le monde dans la cérémonie. Après avoir fait cela, ce qui reste dans les plats sera enterré en hommage à la terre comme pour le rite du Boulé Zin.

Une fois tout cela terminé, le nouvel aspirant prêtre peut enfin se déshabiller et se laver. Les colliers maldioques seront déposés dans la caye mystère, le jeune homme ou la jeune femme pouvant se rhabiller, ils sont initiés.

Nous pourrions vous décrire nombre de ces rituels, mais il n'entre pas dans les objectifs de cet ouvrage de faire de vous un Houngan, ce qui nous serait d'ailleurs tout à fait impossible, mais bien de vous sensibiliser au mode de pensée et de fonctionnement du vaudou. Les personnes intéressées pourront de toute manière nous contacter aux coordonnées se trouvant en fin d'ouvrage, nous nous ferons un plaisir de leur fournir des références leur permettant d'approfondir le sujet à leur pleine convenance.

Nous allons maintenant quitter ces services rituels essentiels à la compréhension du vaudou, mais peu applicables dans notre vie quotidienne, pour nous pencher sur ce que le vaudou peut nous amener dans notre au quotidien. En effet, si le vaudou est d'abord et avant tout une religion complète et complexe - image de marque d'un peuple attaché à ses racines et auquel on a voulu l'arracher de force - il est aussi une croyance populaire qui mêle la magie à la vie de tous les jours. Il est certes indispensable d'être prêtre et initié pour accomplir la plupart des rituels, mais toutefois certaines techniques et rituels appliqués par le peuple se montrent tout aussi efficaces, et ce, au même titre qu'il existe des systèmes de voyance dont nous pouvons faire usage de manière simple.

CHAPITRE 2

LA MAGIE PRATIQUE

Comme énoncé précédemment, il est possible de mettre en œuvre la magie populaire du vaudou, et ce, sans pour autant être un prêtre ou un sorcier confirmé.

Soyons pourtant clairs dans notre propos, les systèmes dont nous allons vous parler ici sont des leviers qui mettent en action des énergies dont la puissance est telle qu'elle pourrait en surprendre plus d'un. Quelques recommandations de base nous semblent donc essentielles. Il n'entre pas dans nos attributions de décider pour vous de ce qui est bien ou mal, ce serait faire preuve d'une ingérence coupable dans votre libre-arbitre. Nous nous sentons malgré tout tenus de vous rappeler que toute action magique peut entraîner un retour de « bâton ».

La magie est l'utilisation de certaines techniques pour modifier dans un sens ou dans un autre des équilibres naturels, mais « Mère Nature » existait avant nous et existera encore une fois que nous aurons disparu. Aussi quoi que l'on puisse en penser, elle sera toujours plus forte que nous. Si vous créez un déséquilibre, soyez conscient qu'un jour ou l'autre l'équilibre normal se rétablira et que vous recevrez un retour proportionnel à ce que vous aurez envoyé.

Ce retour sera même amplifié. Aussi, soyez circonspects dans l'utilisation que vous pourrez faire des quelques techniques que nous allons vous fournir. Quoi que vous fassiez, tâchez de rester le plus possible en harmonie avec les forces de l'univers. Faites les choses dans un but de justice, c'est le conseil que nous vous donnons. Et dans tous les cas, songez à vous protéger lorsque vous entamez une action magique.

N'oubliez pas non plus que les techniques que nous vous proposons ci-après vous mettent en contact avec un égrégore immense, dans lequel vous allez puiser des énergies qui correspondent à un monde où la morale n'a pas le même sens que chez nous. Il est donc peut-être bon de rappeler brièvement ce qu'est un égrégore.

Depuis la nuit des temps, des groupes d'initiés, des religions, des groupes philosophiques ont étudié les forces faisant mouvoir notre univers. De leurs études et observations, ils ont tiré des techniques permettant d'utiliser ces forces à leur avantage. Ces énergies, utilisées dans la même direction par des milliers voire des millions de personnes pendant des siècles ont été concentrées sous forme de réserves dans lesquelles tout membre de ces groupes, disposant des informations d'accès correct, pouvait aller puiser pour son usage personnel. Ces réserves d'énergie sont ce que nous appelons des égrégores.

L'égrégore vaudou est donc formé d'énergies provenant d'Afrique depuis les temps les plus reculés, et a été renforcé par les Africains amenés en esclavage aux Amériques. Nous avons donc une réserve d'énergie chargée non seulement des forces primordiales de la forêt africaine, mais aussi de l'énergie de désespoir, de haine et de revanche autant que de courage et d'abnégation, en provenance des malheureux esclaves arrachés à leur terre. Au fil du temps, s'est ajoutée à cet égrégore une énergie différente provenant de la peur que créent les légendes colportées sur le vaudou. Cette peur fait aussi partie du pouvoir de la magie vaudou. Vous avez donc en main un outil très puissant.

Comment pénétrer dans cet égrégore ?

Vous pouvez y pénétrer simplement par les vévés que nous vous avons décrits dans la première partie de ce livre. Avant de commencer à pratiquer quoi que ce soit, commencez donc par bien assimiler les buts auxquels sont destinés chaque loa et sachez en redessiner les vévés. Mieux vous les comprendrez, mieux vous saurez en tirer parti. Entrainez-vous à reproduire ces dessins de façon à ce que lorsque vous en avez besoin, il ne vous soit pas nécessaire de garder votre modèle sous les yeux. Vous pourrez ainsi vous concentrer sur le but auquel vous destinez votre action. Maintenant, que vous choisissez de les tracer à la farine, pour garder un souci de respect de la tradition, ou que pour des raisons modernes d'ordre pratique vous les redessiniez à la craie ou à la peinture n'a que peu d'importance.

Par contre, ne gardez pas de vévés fixes chez vous, hormis ceux que vous aurez dessinés pour vous protéger.

Redessinez donc vos vévés à chaque rituel ; vous rappellerez ainsi les forces dont vous aurez besoin. N'oubliez pas, une fois le rituel terminé, de renvoyer les forces après les avoir dûment remerciées. Cela permet de nettoyer toute trace de ce qui a été utilisé, vous évitera de garder des portes astrales ouvertes chez vous, pouvant mener à l'intrusion d'entités indésirables.

Nous pourrions citer nombre de cas où cette règle n'ayant pas été suivie, les occupants maladroits des maisons ou appartement concernés furent contraints, après moult problèmes, de faire appel à nous ou à d'autres spécialistes pour les débarrasser de ces entités voraces, bien décidées à profiter au maximum de ces inconscients qui leur avaient fourni les clés de leur habitation et s'obstinant à squatter là où l'on ne voulait plus d'eux.

C'est plus embêtant naturellement si vous n'êtes pas responsable de l'ouverture de ces portes. Je me souviens d'un ami célibataire, qui malgré lui, essuyait échec sur échec dans sa vie sentimentale. En effet, chaque fois qu'il avait l'opportunité de ramener une conquête chez lui, dès le lendemain voire au maximum deux jours plus tard, la jeune femme mettait fin à leur liaison.

Petit à petit, après s'être questionné à de nombreuses reprises et avoir douté de sa virilité, il parvint à avoir une explication sur le comportement de ses compagnes.

Chaque fois, les jeunes femmes avaient la nette impression de ne pas être que deux personnes dans le lit, fait qui semblait les déranger fortement. De plus, la présence ressentie semblait loin d'être d'une douceur et d'un romantisme exacerbé, ce qui rendait ces demoiselles mal à l'aise.

Ne sachant plus que faire, notre ami finit par nous faire part de ses soucis. Après quelques recherches, nous nous rendîmes compte qu'une porte vaudoue était ouverte juste au-dessus de son lit et qu'elle laissait passer un certain nombre d'entités non invitées. Mais, dites-vous bien qu'il n'y a pas de hasard, notre ami avait décoré ce mur avec différents objets utilisés normalement pour attirer les génies dans la version brésilienne du vaudou (macumba).

La solution était donc de faire une cérémonie de clôture de porte, non sans avoir d'abord invité les entités éventuellement présentes à rejoindre leurs pénates.

Il semble que, dans ce cas, des locataires précédents avaient fait une ou des cérémonies au bout desquelles ils n'avaient pas pris la peine de refermer les portes et de renvoyer leurs invités chez eux. Était-ce par ignorance, par incompétence, ou bien avaient-ils pris peur à un moment, abandonnant ainsi un travail non terminé ? Il est difficile de le dire, mais le fait est que leur successeur en avait subi les conséquences.

Cette petite anecdote nous permet de voir les problèmes que peuvent amener des utilisations inconsidérées de la magie vaudoue. Nous tenons à signaler que le même type de phénomène peut se passer avec des rituels de n'importe quel type de magie s'ils sont mal faits.

Nous vous conseillons également d'éviter de mélanger les différents types de magie. Certes, nous sommes tous une part intégrante d'une énergie globale et chaque magie n'en est que l'expression en fonction de l'évolution culturelle, spirituelle et historique de la région où elle s'est développée.

Mais il semble à l'expérience que toutes ces formes d'expression ne soient pas compatibles si l'on désire garder un mode de vie confortable et serein.

Pour illustrer ce conseil, je citerai l'exemple suivant : il s'agit d'un fait survenu il y a quelques années chez une de nos connaissances particulièrement férues de magie. Notre ami était un jeune homme de famille très riche, n'ayant d'autres soucis dans la vie que de faire ce qui l'intéressait, chance extraordinaire me direz-vous que nous aimerions tous avoir. Certes, mais peut-être que le manque de soucis n'est pas toujours idéal s'il amène à l'ennui et pousse à faire des expériences hasardeuses.

La passion de ce jeune homme était donc la magie et tout ce qui touchait aux sciences occultes en général.

Ayant les relations et les moyens suffisants, il n'avait jamais connu de difficultés pour se procurer matériels, fétiches, ouvrages de référence quand il le voulait. Mais la surabondance pouvant passer à l'ennui, il commença petit à petit à faire des expériences hasardeuses, mêlant dans des cocktails explosifs des traditions venant de tous les coins du monde. Le résultat ne pouvait manquer. Ainsi, lors d'une cérémonie où il avait mêlé des invocations vaudoues à des procédés et génies d'origine asiatique dans un local chargé d'énergie magique judéo-chrétienne et celte, le court-circuit se produisit.

Le résultat que nous allons vous expliquer peut sembler cocasse, mais dites-vous que notre ami a eu beaucoup de chance que les choses se soient limitées à ce que nous allons vous décrire maintenant.

Notre apprenti sorcier - bien formé pourtant, je tiens à le préciser - faisait ses opérations dans le salon de son château familial quelque part dans le nord de la France. Il avait, respectant certaines règles de sécurité classique, tracé son cercle magique dans le salon de sa résidence, qui lui servait, pour l'occasion, d'occultum. Après avoir aussi tracé un certain nombre de vévés, il commença à invoquer toute une série d'entités d'origine et de cultures différentes. On ne sait pas exactement lesquelles de ces entités décidèrent de ne pas s'entendre, mais le fait est qu'elles le firent clairement comprendre. Une immense flamme surgit autour du cercle dans lequel notre imprudent adepte se tenait heureusement à l'abri, tandis que tous les volets de sécurité de l'habitation se fermaient en même temps, l'isolant ainsi du monde extérieur. N'osant pas au départ quitter son abri énergétique, il assista à une scène de destruction dont on se dirait, si on en faisait un film que le réalisateur exagère franchement : des meubles volaient dans tous les sens, se détruisant en se heurtant l'un l'autre dans leur course désordonnée et violente, des flammes ravageaient les peintures anciennes sur le mur. Pendant ce temps, toutes les bouteilles du bar se vidaient sur les tapis tandis que les portes du salon s'ouvraient et se fermaient dans un vacarme assourdissant.

Bref, il resta bloqué dans son cercle près de trois jours d'affilées assistant à la destruction systématique de ce qui l'entourait. Les choses finirent enfin par se calmer et il put sortir de son abri pour faire le constat du désastre. Plusieurs millions de francs en meubles et bibelots rares furent détruits, le parquet d'époque réduit en cendres et son système nerveux un rien ébranlé par cet événement.

Les manifestations hostiles des entités continuèrent de façon sporadique durant plusieurs mois, perturbant sans cesse les travaux qui s'ensuivirent, terrorisant les ouvriers et détruisant souvent le matériel utilisé. Lorsque notre ami nous a raconté son expérience, l'amour de la vérité nous pousse à avouer que notre première réaction fut de sombrer dans une hilarité tout aussi incontrôlable que les entités qu'il avait invoquées. Mais, une fois le fou rire passé, nous dûmes nous rendre compte du danger que représentaient ces pratiques. Il eut beaucoup de chance ; son habitation était toujours debout, il ne s'en sortait qu'avec une solide frayeur et beaucoup de frais. Par la suite, il se calma et fit preuve de plus de prudence dans ses expériences.

La leçon à tirer de cette anecdote, tout à fait authentique, est claire : quoique vous souhaitiez entreprendre dans le domaine de la magie, soyez particulièrement circonspects dans l'élaboration de vos expériences et soyez respectueux des énergies que vous mettez en action. Il ne s'agit pas d'un jeu, vous manipulez des forces qu'il est parfois difficile d'évaluer et surtout de maîtriser. De plus, les égrégores dans lesquels se sont concentrées ces puissances ont souvent été développés dans des civilisations très anciennes où le sens des valeurs n'était pas le même que le vôtre et où la violence faisait partie intégrante des mœurs. Une violence que l'on a beaucoup de peine à imaginer de nos jours, malgré les atrocités auxquelles nous avons l'occasion d'assister par l'intermédiaire des médias. Les peuples où se sont développées ces magies vivaient dans un état permanent de guerres où la science magique avait son mot à dire. **Expérimentez donc avec prudence.** Cela dit, soyez sans crainte, les rituels que nous allons vous livrer dans la suite de ce chapitre sont utilisables sans danger, mais dans le doute, ne les mélangez pas inconsidérément avec d'autres choses d'origine douteuse.

Mise en pratique

Les rituels que nous vous proposons sont simples et efficaces. Ils demandent juste de respecter quelques règles :

1. Soyez précis dans vos demandes.
2. Faites-le avec foi et énergie.
3. Soyez précis dans l'exécution des opérations.
4. Si le résultat ne suit pas immédiatement, interrogez-vous avant d'accuser le rituel. Avez-vous fait ce qu'il fallait comme on vous le proposait ? Étiez-vous dans le bon état d'esprit ? Restons aussi réalistes, la réalisation correcte d'un rituel de magie, quel que soit le rituel et le type de magie, demande une concentration et une pratique qui ne s'acquièrent qu'avec l'expérience. Les résultats éventuellement faibles de vos premières tentatives ne doivent pas vous empêcher de persévérer. La magie n'est pas une science exacte. Il s'agit d'une utilisation des énergies humaines et d'une mise en connexion avec les forces de l'univers. La réussite dépendra donc d'un travail constant et indépendant des circonstances où vous pourrez l'utiliser de façon pratique.

Le lieu

Comme nous l'avons vu plus haut, la magie est la mise en application, pour des raisons diverses, de l'énergie humaine mêlée d'une façon très intime aux forces générales de l'univers.

Il est donc essentiel, pour pouvoir exécuter cette pratique fusionnelle, de bénéficier d'une ambiance où les puissances requises pourront s'exprimer sans retenue. L'idéal est dès lors de disposer d'un lieu spécifique où pratiquer cette discipline. Cet endroit, « occultum » pour les uns, temple pour les autres, va devenir un réceptacle, véritable athanor, où vont se mélanger et se conserver tous les éléments psychiques et dynamiques invoqués pour devenir la source inépuisable d'une puissance en développement constant.

Utilisez, de préférence et dans la mesure du possible, une pièce séparée où vous pourrez vous isoler pour pratiquer d'une façon sereine. Idéalement, ce local sera exposé de façon à pouvoir bénéficier de la lumière naturelle le plus longtemps possible. En effet, la notion selon laquelle une opération de magie doit se faire la nuit et dans un cadre occulte est surtout le résultat d'un cliché de méfiance et d'interdiction constante qu'ont dû subir les pratiquants durant des siècles.

Cette notion n'a donc en soi aucune raison magique réelle. Il est clair, cependant, que l'ambiance que vous mettrez dans votre laboratoire énergétique prendra une part importante dans la réussite de vos opérations.

Les étudiants en magie - ce que nous devenons toute notre vie dès que nous entamerons l'exécution de cette grande œuvre - qui désirent pratiquer d'une façon saine et honnête, s'accommoderont fort bien de la lumière du jour alors que ceux dont les motivations sont plus troubles verront leurs souhaits se manifester d'une façon plus nette à l'ombre de la nuit.

Dans votre pièce, vous disposerez en premier lieu d'un autel sur lequel vous rangerez les représentations des entités avec lesquelles vous avez choisi de travailler. Faites de cet autel un havre de paix et de joie sur lequel vos entités se sentiront réellement les bienvenues. Vous l'entretiendrez régulièrement, veillant de façon constante à l'ordre et à la propreté. Vous y prévoirez des encensoirs et des bougeoirs grâce auxquels vous pourrez honorer lesdites entités. Vous disposerez dans le bas de votre autel les offrandes que vous ferez aux forces évoquées. Signalons à ce propos que les entités vaudoues semblent apprécier particulièrement la présence d'un verre de rhum et d'un peu de tabac. Proposez-leur aussi un peu de farine de maïs ainsi que quelques bibelots qui leur seront intégralement dédiés. N'oubliez pas que tout objet ou matière donné aux dieux ne pourra plus être utilisé de façon profane.

Face à cet autel, vous aurez à votre disposition un espace libre où vous pourrez à votre guise dessiner les vévés ou autres tracés rituels. Une table située dans un coin de la pièce vous sera d'une grande utilité pour réaliser les différentes préparations. Une petite armoire dans laquelle vous rangerez votre matériel sera disposée à proximité. Enfin, une table de rituel, en permanence recouverte d'une nappe d'une parfaite propreté, complétera l'équipement idéal de votre lieu de pratique.

Comment s'habiller pour pratiquer ?

La question des vêtements est très relative. Je vous conseille personnellement de vous habiller de la façon la plus simple possible. Soyez à l'aise afin qu'aucune entrave ne vienne bloquer votre respiration et votre circulation énergétique.

Veillez simplement à ce que ces vêtements ne servent que dans le cadre de vos opérations de magie et qu'ils soient toujours d'une propreté irréprochable. Quant à la couleur, je vous suggère des habits noirs ou blancs auxquels vous adjoindrez, selon les circonstances, des accessoires de la couleur correspondant aux loas évoqués.

Vous avez maintenant tout ce qu'il faut pour commencer à travailler !

Les rituels que nous vous présentons sont faciles d'accès et s'appliquent à des circonstances courantes. Nous sommes à votre entière disposition pour toute information et aide concernant des situations plus particulières.

Les vévés préconisés dans le texte qui suit sont expliqués dans les pages précédentes. Je vous conseille de bien lire l'explication de leur signification[1] et de l'avoir totalement intégrée au moment où vous tracerez le dessin.

À titre d'aide-mémoire, vous trouverez ci-après un récapitulatif des différents vévés utilisables.

Tous les produits que nous citons dans l'explication des rituels sont disponibles dans le commerce. Si vous éprouvez le moindre problème pour vous les procurer, n'hésitez pas à nous contacter. Nous pouvons vous aider et vous fournir tout ce dont vous avez besoin.

1. Cf. pages 23 à 44 pour la signification des vévés.

Récapitulatif des Vévés

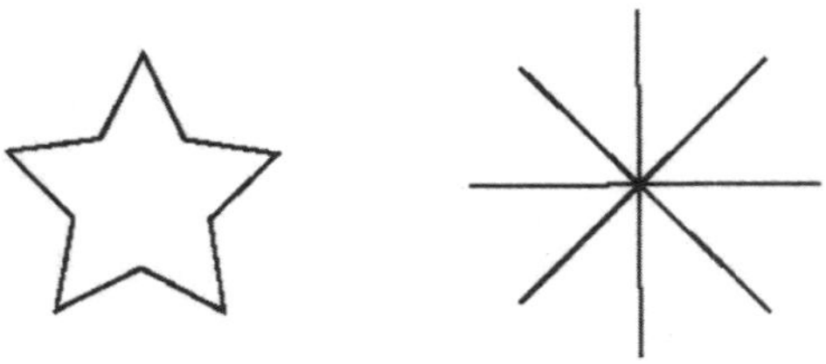

L'étoile

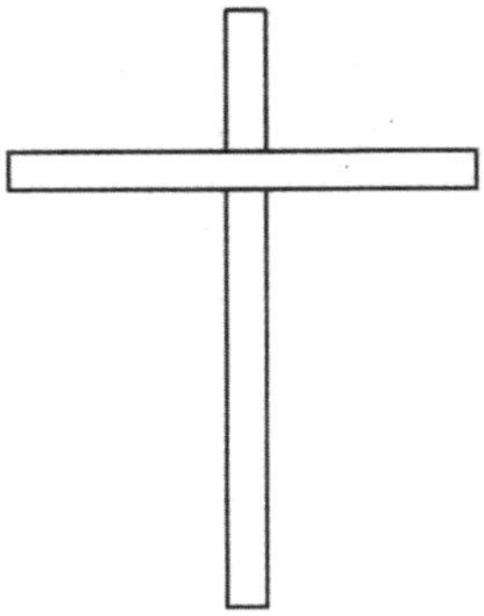

La croix

Le coeur

Les cornes

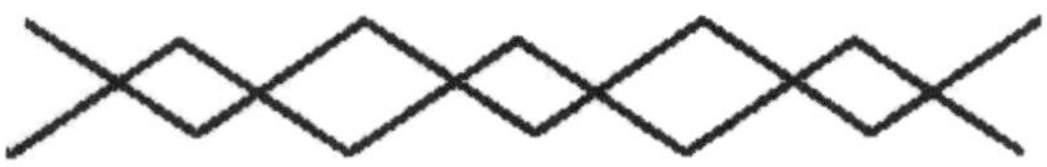

Les croisillons

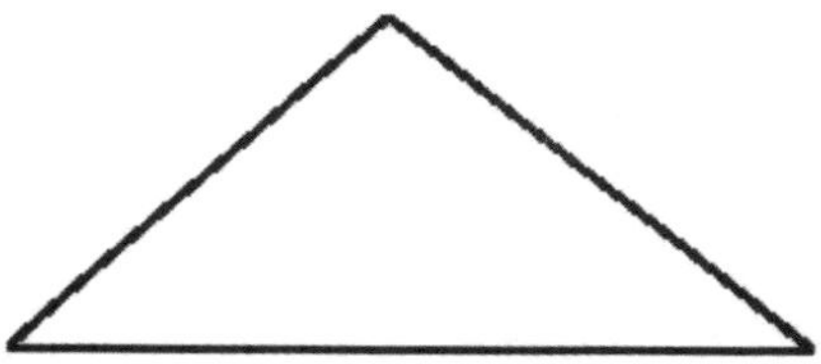

Le triangle

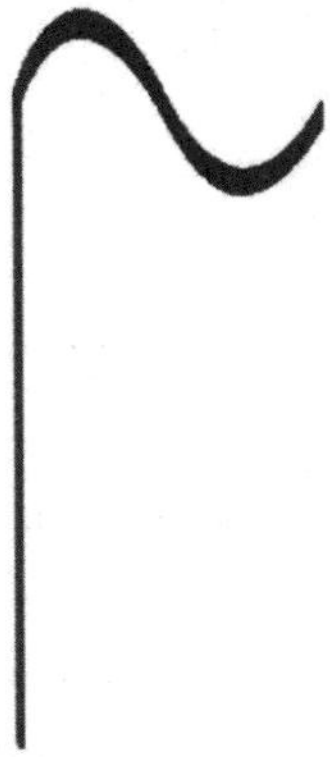

La crosse

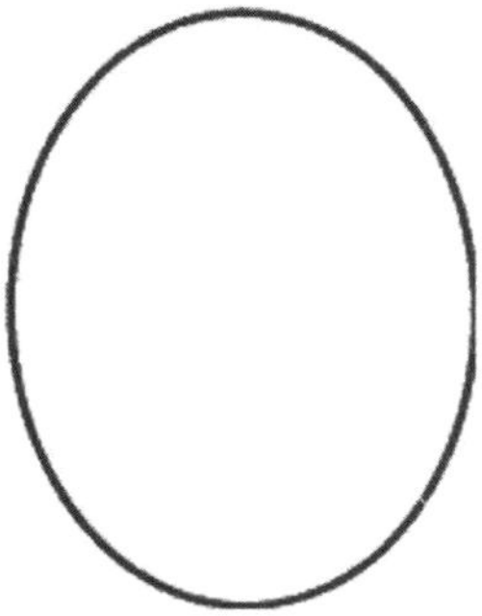

L'oeuf cosmique

Le serpent

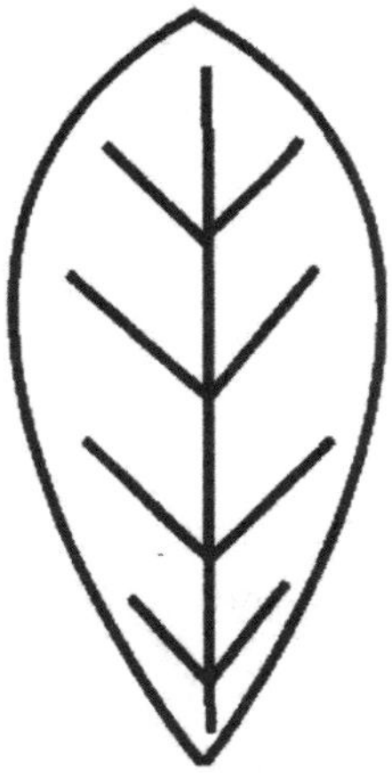

La feuille

Le bateau

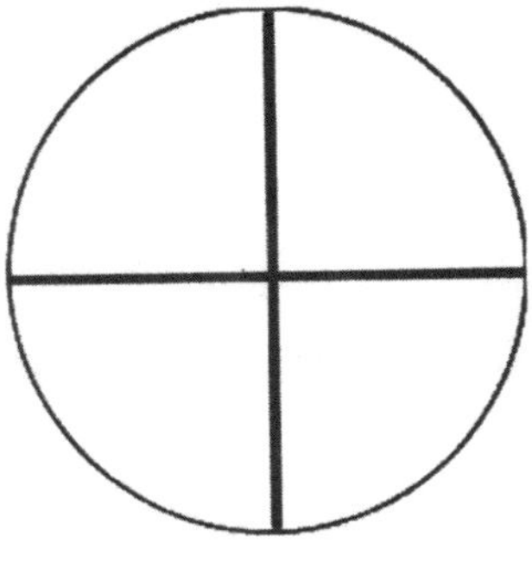

Le Zin-zin

Les Guédés

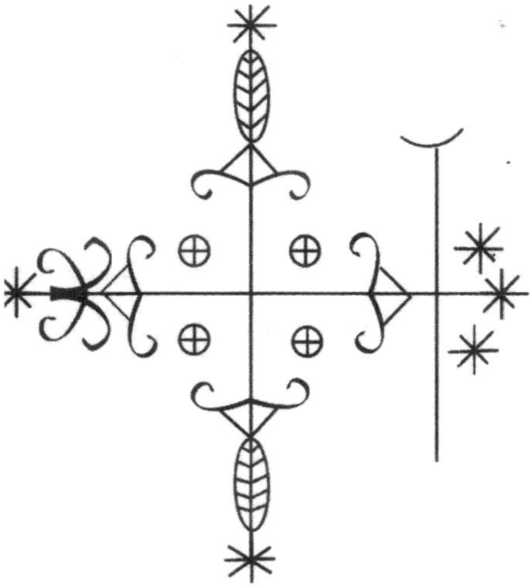

Legba

Hogou

Bawon Samdi

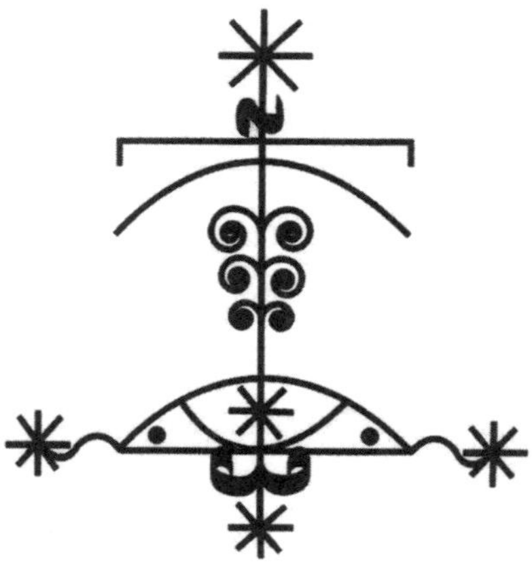

Hogou Feraille

Ogum

Xango

Ayizan

Agoue

Erzulie

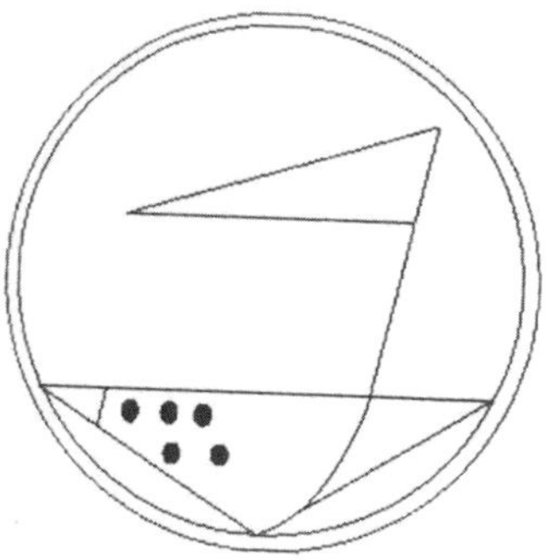

Omulu

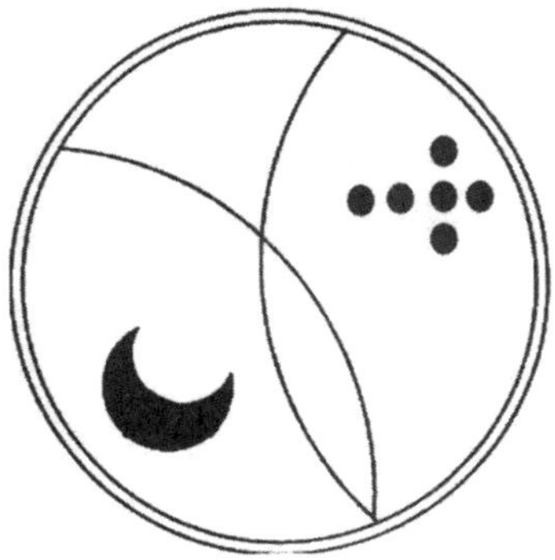

Iemanja

Loko

Kalfou

Marassa

Lenglen

Nago

Simbi

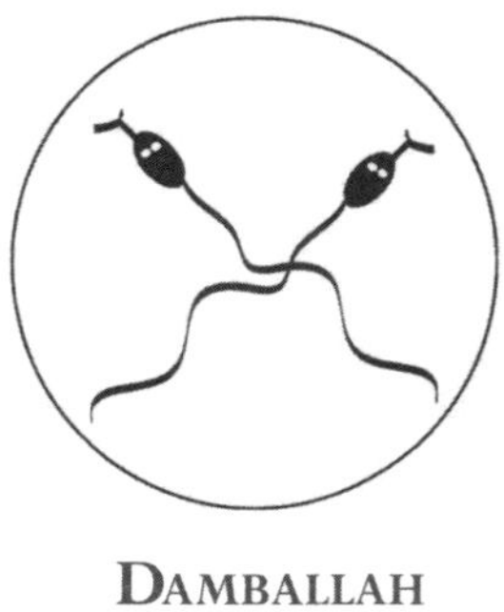

Damballah

Vévé des zins

Gran bwa

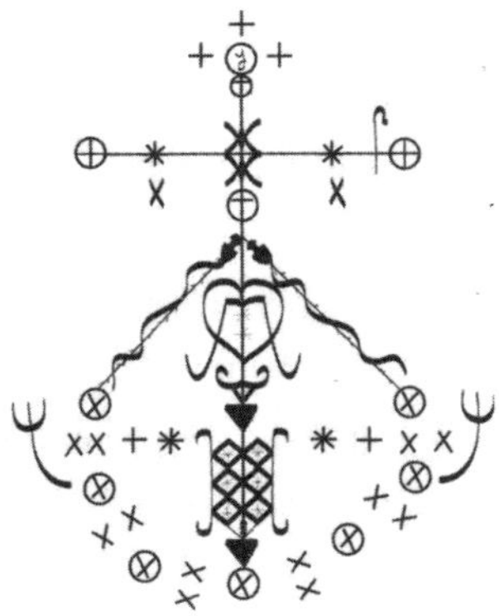

Vévé des secrets

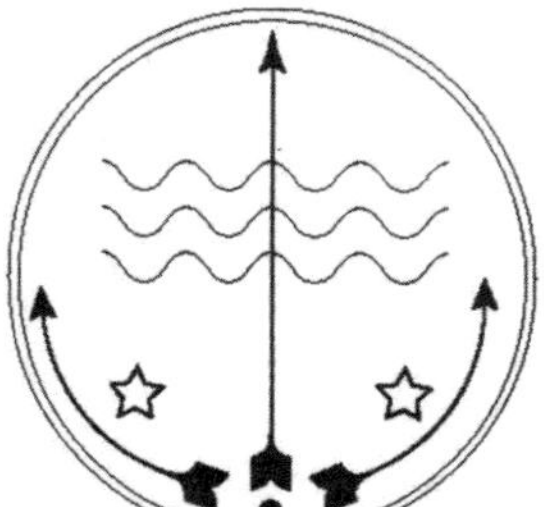

Les Cabocles

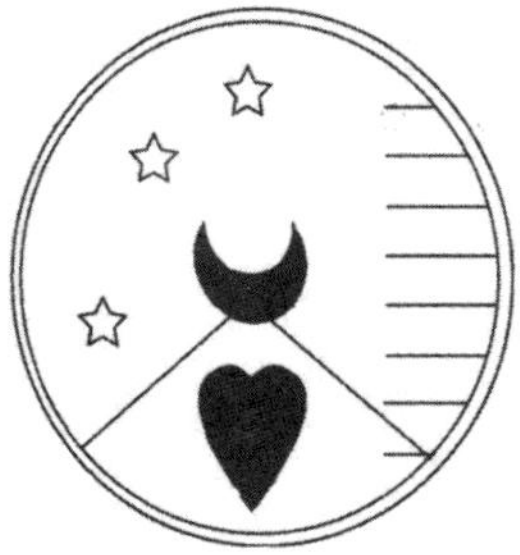

Oxum

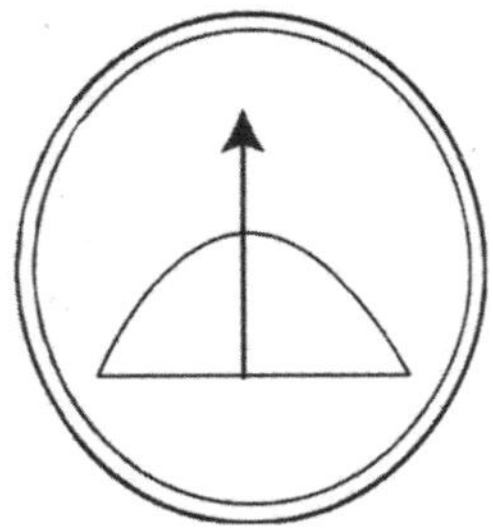

Oxossi

Oxola

Iansa

Rituels d'amour

L'amour, un des moteurs de notre vie. Que ne ferait-on pas pour l'avoir ? On l'attend, on l'espère et quand il arrive, c'est tellement fort qu'on en perd tous nos moyens et parfois, il repart parce qu'on n'a pas su le garder.

Les méthodes que nous allons proposer ci-dessous vont vous permettre d'accéder à vos aspirations les plus profondes. Ces rituels fonctionnent autant pour les hommes que pour les femmes.

Je vous rappellerai pourtant un fait important : n'oubliez jamais que vous pouvez seulement aider à la réalisation matérielle de vos souhaits, c'est-à-dire que vous pouvez débloquer des situations ou remettre les choses dans le droit chemin. Vous avez toujours la possibilité, en cas de retour d'affection, de faire physiquement revenir la personne désirée auprès de vous, mais vous ne créerez jamais, et je dis bien jamais, les sentiments d'amour par la magie rituelle.

La seule magie qui puisse fonctionner dans ce cas-là est celle de la nature, celle qui fait que deux personnes peuvent se plaire pour des raisons que parfois nul ne comprendra. Cet amour-là, vous ne pourrez pas le reproduire en laboratoire. Aussi, si vous désirez faire un retour d'affection, soyez bien sûr qu'il y ait encore un sentiment et que la situation soit juste.

Dans le cas contraire, la personne visée reviendra certes, mais puisqu'elle n'a plus de vraies raisons d'être là, elle n'aura de cesse de repartir.

Votre action magique, bloquera la personne à vos côtés, l'empêchant de partir. Cela pourrait faire monter les tensions d'une façon insoutenable et au bout d'un certain temps, la situation finira inévitablement par exploser, laissant des cicatrices difficiles à effacer.

Comment attirer la personne que vous aimez ?

Matériel :

- De l'encre de Chine noire.
- Une plume d'écriture neuve.
- Un morceau de parchemin végétal.
- Une bougie rouge ou rose.
- Un peu de ficelle verte.
- Un petit sachet de toile verte.
- Un couteau à manche blanc.
- De la poudre de dragon (encens que vous trouverez dans les librairies ésotériques).
- De la farine blanche au charbon de bois.
- Du charbon de bois.

Quand faire le rituel ?

Vous pratiquerez tous les rituels d'amour le vendredi en heure de Vénus. L'idéal étant entre minuit et une heure du matin. Ce vendredi sera choisi durant la période de lune montante ou de pleine lune.

Comment procéder ?

1. Commencez par tracer le vévé d'Erzulie sur le sol face à votre autel. Pendant que vous tracez ce dessin, dites les mots suivants : *« Erzulie, déesse de l'amour, je t'invoque en ce jour qui est ton jour, pour que* (le nom de la personne concernée) *vienne à moi quoi qu'il en soit »*. Répétez ces mots trois fois.
2. Allumez votre bougie avec des allumettes en visualisant déjà la personne que vous convoitez. Puis, sur le parchemin écrivez à l'encre de Chine toutes les informations que vous possédez sur la personne de vos rêves, en la visualisant bien. Inscrivez aussi votre nom et prénom en dessous.
3. Visualisez la situation telle que vous voulez qu'elle soit puis décrivez-la sur le parchemin.
4. Avant que l'encre ne soit sèche, saupoudrez le parchemin de *dragon powder*. Déposez aussi de la *dragon powder* sur le charbon de bois que vous aurez allumé.

5 Roulez votre parchemin et attachez-le avec le morceau de ficelle verte dans lequel vous ferez sept nœuds. À chaque nœud, refaites l'invocation à Erzulie.

6 Piquez votre parchemin sur la pointe du couteau et faites-le brûler à la flamme de la bougie. Pendant que votre préparation brûle, refaites trois fois l'invocation à Erzulie. Tout doit être complètement brûlé.

7 Remerciez votre loa ; prenez les cendres et versez-les dans le sachet de toile verte que vous garderez sur vous jusqu'à l'arrivée ou au retour de la personne convoitée.

8 Éteignez la bougie avec vos doigts (ne soufflez jamais une bougie, vous dissiperiez une partie de l'effet magique obtenu). Remerciez votre loa et détruisez le vévé. N'oubliez pas de faire une offrande au loa utilisé.

Dans les vingt et un jours qui suivent, la personne que vous désirez sera à vous.

Comment empêcher votre compagnon ou votre compagne d'aller vers d'autres que vous ?

Matériel :

- Un œuf non-fécondé, le plus frais possible. Fabriquez vous-même une petite boîte du format de l'œuf, il doit pouvoir rentrer dedans, mais ne doit pas pouvoir bouger.
- De quoi recouvrir l'intérieur de votre boîte de noir (peinture ou tissu noir).
- Une aiguille ou un petit couteau pour percer l'œuf.
- Une seringue sans aiguille.
- Un peu de mie de pain.
- De quoi écrire sur l'œuf.
- De la farine pour le vévé.
- Du charbon de bois et de quoi le faire brûler.
- De la poudre de *dragon powder.*

Comment procéder ?

Si vous avez des doutes sur la fidélité de votre partenaire ce rituel vous assurera un attachement indéfectible. Il ne fonctionne que par rapport à quelqu'un avec qui vous avez déjà une relation.

1 Arrangez-vous pour que votre partenaire prenne un bain ou une douche le plus rapidement possible après avoir eu une relation sexuelle avec lui ou elle, et prenez un peu de l'eau avec laquelle il s'est lavé.

2 Percez l'œuf et videz-le, puis introduisez-y l'eau que vous avez récupérée. Fermez l'œuf avec la mie de pain mâchée.

3 Dessinez le loa d'Erzulie devant l'autel et allumez votre charbon de bois.

4 Versez-y un peu de *dragon powder* en récitant l'invocation à Erzulie. Passez votre œuf au-dessus du *dragon powder* tout en continuant à réciter l'invocation et en faisant la demande précise de ce vous désirez. Faites de même avec la boîte.

5 Écrivez votre nom sur la grosse partie de l'œuf et celui de votre compagnon ou compagne sur l'autre partie.

6 Mettez l'œuf dans la boîte. Puis, cachez-la de façon à ce que la personne concernée ne la trouve jamais. Si l'œuf est découvert, votre relation sera définitivement rompue.

7 Démontez votre vévé en remerciant Erzulie.

Autre rituel pour conserver votre compagne ou votre compagnon

MATÉRIEL :

- Deux dagydes de cire vierge.

  Vous pouvez soit les acheter dans un magasin spécialisé soit les fabriquer vous-même avec un bloc de cire vierge. Il est naturellement toujours mieux de fabriquer le matériel soi-même. Dans ce cas-là, ramollissez d'abord un peu la cire à la chaleur puis façonnez deux figurines à vos images. Pendant que vous malaxez la cire, pensez fortement à la personne que vous désirez représenter et la situation telle que vous voulez qu'elle soit. Marquez bien les différences de sexes entre les poupées. Accentuez-en les caractéristiques sexuelles.
- Un brasero suffisamment large pour y faire fondre vos deux poupées.
- Du charbon de bois pour le barbecue, en quantité suffisante pour remplir le braséro.
- De l'encre de Chine noire et une plume.
- Du papier-parchemin d'origine végétale.
- Du *dragon powder*.
- Des cheveux ou poils de votre compagne ou compagnon.
- Un morceau de tissu venant d'un vêtement ou sous-vêtement régulièrement porté par chacun des deux.
- Une pointe pour écrire dans la cire.
- Un verre de rhum.
- Un cigare.
- Éventuellement, un jeune coq ou une jeune poule (facultatif, mais rends le rituel beaucoup plus puissant).
- De la farine pour les vévés.

Comment procéder ?

Comme pour les rituels précédents, vous dessinerez sur le sol le vévé d'Erzulie, tout en récitant l'invocation au loa. Vous y ajouterez cette fois-ci le vévé de Legba en prononçant les mots suivants : *« Papa Legba, maître des portes de l'infini ouvre moi ton royaume pour que tous mes vœux s'y inscrivent à jamais. »*

1 Installez le charbon de bois dans le brasero et allumez-le.

2 Inscrivez sur le parchemin ce que vous désirez qu'il se passe, soyez très précis et explicite. N'oubliez pas de visualiser en permanence le résultat de votre opération réussie.

3 Introduisez dans les poupées de cire les éléments poils ou cheveux. Mettez un peu des vôtres dans la sienne et inversement.

4 Inscrivez sur ces poupées les noms, prénoms et la date de naissance de votre compagnon ainsi que les vôtres. Notez également les deux coordonnées sur chaque poupée.

5 Redites les invocations à Legba et à Erzulie accompagnées des mots suivants : *« par le pouvoir de Legba et d' Erzulie, toi* (citez le nom de l'autre personne) *et moi* (citez votre nom) *sommes unis pour l'éternité, sur terre comme au ciel, au paradis comme en enfer ».*

6 Faites le signe de croix par-dessus. Répétez l'ensemble de l'opération trois fois puis déposez les poupées sur le brasero chaud en disant le « Notre Père » : *« Notre Père, qui es aux cieux, que ton nom soit sanctifié, que ton règne vienne, que ta volonté soit faite sur la terre comme au ciel. Donne-nous aujourd'hui notre pain de ce jour. Pardonne-nous nos offenses, comme nous pardonnons aussi à ceux qui nous ont offensés. Et ne nous soumets pas à la tentation, mais délivre-nous du mal. Amen ».* Redites-le trois fois.

7 Ajoutez alors les morceaux de vêtements. Saupoudrez le tout de *dragon powder* en redisant trois fois votre demande.

8 Allumez le cigare puis prenez en bouche un peu de rhum et recrachez fumée et alcool sur le brasero. Si vous décidez d'utiliser une volaille, c'est maintenant que vous allez l'utiliser.

Attention, cette partie du rituel est interdite dans les pays occidentaux, car il tombe sous le coup de la loi concernant les mauvais traitements sur les animaux. Nous l'expliquons, mais déclinons toute responsabilité concernant son utilisation éventuelle. Personnellement, nous ne l'appliquons pas. Mais si vous décidez de l'utiliser, voici comment faire :

- Prenez la volaille en lui expliquant que vous la remerciez pour le don qu'elle va vous faire de son corps.
- Prenez une grosse bouffée de cigare et une grande gorgée de rhum que vous recracherez alors sur l'animal.
- Égorgez-le rapidement au-dessus du brasero en répétant les invocations à Legba, à Erzulie et votre souhait.
- Rajoutez les mots suivants : *« Legba , Erzulie, je t'offre cette vie pour que mes vœux se réalisent. »*.
- Versez alors un grand verre de rhum sur l'ensemble et redites le « Notre Père ».
- Plumez la volaille. Vous la ferez ensuite cuire et irez l'offrir à quelqu'un de nécessiteux.
- Restez concentré sur le but de l'opération durant quelques minutes.

9 Vous viderez le brasero dans de l'eau courante, rivière ou canal, en prononçant de nouveau les invocations aux loas, ainsi que votre demande. Enfin, démontez votre installation en remerciant les loas.

Réfléchissez bien avant de mettre en action le rituel que nous venons de vous donner ! Ce rituel inscrit votre relation dans l'univers, la rendant immuable. Ce rituel est irréversible. Soyez donc sûr de vos sentiments, car n'oubliez pas que s'il fixe la relation, il ne crée pas les sentiments. Vous risquez donc, si vos sentiments disparaissent, de vivre un enfer permanent, car vous ne pourrez plus vous séparer de la personne à laquelle vous vous êtes lié.

Rituel d'argent

On dit souvent que l'argent est le nerf de la guerre, et il est vrai que la possession nous aide beaucoup dans notre vie quotidienne. Voici donc un petit rituel qui vous aidera à vous procurer plus facilement ce que vous désirez.

Matériel :

- Un brasero et du charbon de bois.
- Un morceau de parchemin végétal.
- De l'encre de Chine et une plume.
- De la *Money Drawging Powder*, que vous pourrez vous procurer dans les librairies ésotériques.
- Un œuf non-fécondé.
- Un peu de rhum.
- Un cigare.

Comment procéder ?

1 Dessinez cette fois les vévés de Papa Legba, des Guédés et de Bawon Samdi. Commencez comme toujours par dessiner les vévés en évoquant les loas représentés.

2 Pour l'invocation des Guédés, vous direz les mots suivants : *« Guédés, qui êtes passés de l'autre côté, venez à moi pour exaucer tous mes souhaits et que la puissance de la mort me donne la puissance de la vie. »*. Pour invoquer le Bawon Samdi dites les

mots suivants : *« Bawon Samdi, maître tout-puissant du royaume des morts, enjoints à tes sujets de venir à moi pour exaucer mes souhaits. ».*

3 Prenez ensuite votre œuf et tenez-le entre vos deux mains pendant que vous visualisez votre souhait. Visualisez-vous avec, au départ, un billet dont le montant se termine par zéro. Puis, voyez le nombre de zéros augmenter sans cesse.

4 Écrivez vos souhaits sur le parchemin. Allumez votre brasero tout en continuant à visualiser la réalisation de vos souhaits.

5 Refaites les invocations aux loas et prononcez de nouveau votre souhait en déposant l'œuf et votre parchemin sur le braséro. Saupoudrez le tout de *Money Drawging Powder.*

6 Allumez le cigare et prenez une gorgée de rhum. Recrachez l'alcool et la fumée sur le brasero en visualisant toujours le but.

7 Lorsque l'œuf explosera, votre souhait s'inscrira dans l'éther. Remerciez alors les loas et démontez votre installation.

Récapitulatif des invocations aux loas

Nous allons reprendre ci-dessous les principales invocations dont vous pourrez avoir besoin lors de vos rituels. Rappelons qu'il est essentiel que ces invocations soient prononcées avec un maximum de concentration et de respect mélangés. Un conseil important à suivre à tout prix est qu'il ne faut pas jouer avec les loas si l'on veut éviter de s'exposer à des surprises pour les moins déplaisantes.

Invocation à « Erzulie »

« Erzulie, déesse de l'amour, je t'invoque en ce jour qui est ton jour pour que (nom de la personne concernée) *vienne à moi quoi qu'il en soit. »*

Invocation à « Legba »

« Papa Legba, maître des portes de l'infini, ouvre-moi ton royaume pour que tous mes vœux s'y inscrivent à jamais. »

Invocation à « Bawon Samdi »

« Bawon Samdi, maître tout-puissant du royaume des morts enjoints à tes sujets de venir à moi pour exaucer mes souhaits. »

Invocation à « Kalfou »

« Kalfou, toi qui règnes sur la croisée des chemins, qui connaît l'avenir et le passé de toute chose, accorde-moi le pouvoir pour que ma destinée se réalise. »

Invocation aux « Guédés »

« Guédés, qui êtes passés de l'autre coté, venez à moi pour exaucer tous mes souhaits et que la puissance de la mort ne donne la puissance de la vie. »

Invocation à « Damballah »

« Damballah, toi par qui l'univers a été créé et qui es à la source de toute vie et de toute richesse, accorde-moi d'exaucer tous mes souhaits. »

Invocation à « Agoué »

« Agoué, toi qui règnes sur les océans et sur leurs habitants, protège-moi et exauce mes vœux. »

Invocation à « Shango »

« Shango, dieu de la pluie et du tonnerre, que par ta volonté les éléments soient à la merci et que mes désirs se réalisent. »

Invocation à « Hogou »

« Hogou, seigneur des combats et des causes justes, accorde-moi la puissance de ton épée afin que mes demandes aboutissent. »

Invocation à « Loko »

« Loko, toi qui règnes sur la santé, fais que par toi mes demandes soient acceptées et mes désirs deviennent réalités. »

La magie des bougies

S'il existe une chose que l'on peut observer partout à travers le monde, quelle que soit la civilisation ou le type de magie en vigueur, c'est bien l'utilisation des bougies et des chandelles.

Lorsque vous vous promenez en Haïti, à la Guadeloupe ou au Brésil, il n'est pas courant de voir un zombie traverser la rue ou de voir à chaque coin de rue un Hounfor dans lequel une cérémonie a lieu. Par contre, dans beaucoup de maisons où vous aurez l'occasion d'être invité à entrer, vous pourrez observer de petits autels chargés d'images de saints, de colifichets et de bougies. Vous remarquerez de petits plats remplis de nourriture déposée en offrande devant les images saintes. Belle piété chrétienne me direz-vous. Non, vous êtes en face de l'autel de famille. C'est à cet endroit que les autochtones vont réaliser la plus courante des opérations de magie populaire : l'invocation par la magie des bougies.

Pas plus courante sans doute, mais pas pour autant la moins efficace. Par les chandelles et les bougies, vous allez entrer en contact avec une des énergies qui participent à la création de notre monde : l'énergie du feu. Tous les jours, partout dans le monde, des bougies s'allument dans des temples, des églises ou dans le secret des arrière-cuisines. Offrandes aux dieux autant qu'appel aux énergies de la nature, la magie des bougies réveille dans notre subconscient les vieilles croyances animistes. Par cette magie, on peut obtenir énormément de choses. Tout dépend bien entendu de l'intensité que l'on va mettre dans l'accomplissement du rituel.

L'appel aux forces de l'univers passe, où que ce soit, par l'évocation des différentes entités planétaires. Ce recours aux énergies, nous l'exprimerons par le biais des couleurs liées symboliquement aux génies planétaires. Par ce langage du symbole, vous aurez aussi la possibilité d'accentuer vos demandes en fonction de votre but. Nous vous donnons ci-dessous les correspondances entre planètes, signes astrologiques, couleurs et objectifs.

PLANÈTE	SIGNE	UTILITÉ	COULEUR
Soleil	Lion	Succès personnel	Or, jaune
Lune	Cancer	Chance	Blanc
Mercure	Gémeaux	Commerce et compréhension des mystères	Blanc ou brun
Vénus	Taureau	Amour	Vert ou rose
Vénus	Balance	Protection	Bleu
Mars	Scorpion	Demande d'énergie et partout où il y a combat	Rouge
Jupiter	Sagittaire	Argent et justice	Bleu
Saturne	Capricorne	Magie noire et protection	Noir

Vous choisirez la couleur de vos bougies en fonction de votre objectif. Pour obtenir un résultat parfait, vous pouvez aussi utiliser des chandelles magiques coulées spécialement dans un mélange de cire vierge et stéarine bien précis.

Ces chandelles auront de plus été préparées avec des encens très spécifiques. Vous pourrez colorer vos demandes en entourant vos chandelles d'un morceau de cordelettes de la couleur adéquate que vous fixerez par sept nœuds.

Le rituel que nous allons vous donner ci-dessous va vous permettre de rentrer en connexion avec l'énergie universelle vous ouvrant ainsi la porte de tous les succès. Vous pourrez, par la suite, adapter ce rituel à vos besoins spécifiques en modifiant la couleur utilisée et les loas invoqués.

Rituel général d'appel aux forces protectrices

Matériel :

- Trois chandelles magiques.
- Un peu de farine pour dessiner le vévé.
- Une table pour servir d'autel.
- Une nappe blanche.
- Un morceau de parchemin.
- De l'encre de Chine et une plume.
- Un brasero.
- De l'encens d'église (olibanum).

Quand faire le rituel ?

Généralement, on conseille de pratiquer les rituels de magie blanche en lune montante et ceux de magie noire en lune descendante.

Le rituel dont nous parlons ici étant un rituel général d'appel aux forces, et plus spécifiquement aux forces de protections, nous vous suggérons de la faire en période de pleine lune afin de bénéficier au maximum des différentes polarités énergétiques.

Comment procéder ?

1. Après avoir médité durant quelques heures sur votre démarche, commencez par dessiner sur le sol, le vévé des secrets avec la farine de maïs.
2. Allumez les trois chandelles que vous aurez disposées sur la table.
3. Allumez le brasero et déposez-y une poignée d'encens.
4. En vous tournant vers la table, dites trois fois le « Notre Père ». Invoquez ensuite les loas. Reprenez pour ce faire les invocations que nous vous avons présentées précédemment.

   Invoquez dans l'ordre :

   - Damballah, dieu des origines,
   - Legba qui vous ouvrira les portes de l'univers,

- Kalfou qui vous guidera dans vos choix,
- Loko qui vous donnera la santé,
- Erzulie qui vous donnera l'amour,
- Hogou qui vous donnera la force.
- Bawon Samdi, dieu de la mort, pour vous protéger de tout maléfice et vous donner tous les pouvoirs nécessaires pour réaliser des opérations magiques.

5 Dites ensuite les mots suivants : *« mes seigneurs, loas tout-puissants, accordez-moi maintenant et en ce lieu tous vos pouvoirs afin que je puisse, en les exerçant, vous servir et ainsi vivre dans la joie. »*

6 Redites le « Notre Père ».

7 Écrivez l'invocation que vous venez de faire. Puis brûlez le parchemin à la flamme des chandelles en disant : *« Que par le pouvoir de ces chandelles, ma demande s'inscrive dans le royaume des morts comme dans celui des vivants. ».*

8 Redites les invocations aux loas suivies trois fois du « Notre Père ».

9 Méditez sur votre demande jusqu'à l'extinction des chandelles. Puis remerciez les loas et démontez votre installation.

L'énergie que vous procurera ce rituel vous ouvrira la porte de tous les autres et vous donnera une protection maximum. Nous vous rappelons que nous sommes à votre entière disposition pour toute information concernant les différents rituels ou concernant le matériel dont vous pourriez avoir besoin.

Fabrication des gris-gris wangas

On peut difficilement parler de vaudou sans citer les wangas. Véritables gris-gris, ces petits sachets apportent chance, santé ou encore protection. On retrouve cette notion dans le monde entier et dans la majorité des cultures, simplement dans le vaudou ils ont pris une valeur de système magico-religieux.

Le mot en lui-même dériverait de la langue mandingue au nord du Bénin, aux frontières du Mali et du Sénégal. C'est dans le vaudou de la Nouvelle-Orléans que cette coutume va surtout se développer. Donc, d'un côté nous avons le mot original venu d'Afrique (gerregerys) qui va rencontrer la langue française pour devenir gris-gris, qui implique son côté à la fois noir et blanc en même temps que les ingrédients qui le composent.

Un gris-gris wanga est donc une forme de talisman magique basé sur les principes de magie sympathique et contagieuse. Sympathique parce que le wanga est fabriqué pour la personne qui va le porter en fonction de sa personnalité et de ses besoins. Le wanga peut revêtir une multitude de formes, simplement il doit y avoir correspondance avec le porteur.

Magie contagieuse lorsque quelque chose appartenant à la personne propriétaire est ajouté au wanga créant un lien indissoluble entre l'humain et l'objet. Il peut s'agir d'une mèche de cheveux, d'un morceau de vêtement, d'un ongle voire d'une dent… Quoi qu'il en soit, cet objet très personnel crée un lien magique entre les mondes physiques et spirituels de la personne, ce lien est supposé influencer son possesseur et sa vie de façon très spécifique. Lorsqu'une personne est adepte de cette pratique, elle ne se déplacera jamais sans son ou ses wangas. D'un autre côté, capturer le wanga de quelqu'un vous donne un pouvoir immense sur cette personne.

Chaque personne peut avoir autant de wanga qu'il souhaite, chacun spécialisé dans un domaine précis. J'ai dit précédemment que le wanga prend parfois la forme d'une poupée, mais dans la culture vaudoue de la Nouvelle-Orléans - celle qui a le plus gardé l'esprit et le mode opératoire des origines africaines - il va souvent se retrouver sous la forme d'un petit sac contenant des herbes spécifiques, des psaumes écrits sur des papiers avec de l'encre magique, des minéraux en poudre... Ces sachets, composés de poudres spécifiques de sel et de plantes aromatiques, sont destinés à émettre un rayonnement protecteur pour éviter toute nouvelle emprise des forces maléfiques vaudoues. La seule limite est l'imagination du porteur ou du sorcier qui a fabriqué l'objet.

Fabrication d'un petit sachet de tissu.

→ Mélangez une poudre vaudoue avec du sel et récitez l'incantation suivante en plaçant vos deux mains à plat environ 15 centimètres au-dessus du mélange :

« Je consacre ce sachet pour qu'il me protège des esprits mauvais,
Du monde du visible ou de l'invisible.
Par la puissance de ces ingrédients,
J'invoque les énergies divines à m'assurer protection et longue vie.
Qu'il en soit ainsi.»

→ Mettez ensuite le mélange dans un petit sachet (format de deux centimètres sur deux centimètres) de coton naturel ou de lin blanc que vous aurez cousu vous-même et portez-le sur vous en permanence toute la journée.

Voici quelques exemples de wanga que vous pouvez fabriquer vous-même et qui vous seront très utiles si vous suivez bien toutes recommandations données dans ce livre, non seulement pour les wangas, mais aussi pour l'ensemble des opérations d'appel de force, de protection, de bénédiction...

Le "viens vers moi"

Il va vous permettre de faire revenir à vous la personne que vous aimez ou d'attirer celle que vous désirez.

MATÉRIEL :

- Un sac de tissu rouge (de 3X4).
- Une pincée de Damiana.
- De la racine d'iris (appelé communément queen Elisabeth root.)
- Du trèfle rouge.
- Huile come to me.
- Un peu de sable magnétique (mélangé avec un peu de poudre de pierre magnétite).
- Un objet ou quelque chose de personnel.
- Votre demande écrite à la main reprenant votre nom et celui de la personne désirée.

COMMENT PROCÉDER ?

1 À la pleine lune ou en période de lune montante, faites brûler un cierge rouge pendant que vous êtes en train de fabriquer le sac gris. Faites brûler de l'encens de sang de dragon en même temps.

2 Ajoutez tous les ingrédients un à un dans le sac. À chaque ingrédient ajouté, focalisez-vous de plus en plus intensément sur votre désir. Saupoudrez le sable magnétique au-dessus de tout le reste. Ajoutez 7 gouttes d'huile magique. Fermez le wanga avec un lacet. Portez le sac gris-gris à votre bouche et expirez la vie en lui. Cela va activer le système. Pour amplifier le pouvoir, laissez le wanga sous la pleine lune et laissez brûler la chandelle en entier.

3 Au matin, récupérez le sac wanga et gardez-le avec vous en permanence. Portez-le à gauche (dans votre poche ou votre soutien-gorge, si vous êtes une femme). Repassez le sac à l'huile tous les vendredis pour recharger le gris-gris.

4 Débarrassez-vous des restes de chandelle à un carrefour ou dans une poubelle qui n'est pas la vôtre.

Wanga de chance rapide

Ce wanga est bon pour ceux qui jouent aux jeux de hasard ou qui ont besoin de chance rapidement.

Matériel :

- Un sac de tissu rouge.
- Une noix de muscade entière.
- Un marron entier non décortiqué.
- De l'huile de chance rapide.
- Une chandelle jaune et une verte.
- De la quintella.
- De la menthe poivrée.
- Cannelle.
- Baies de genévrier.
- Patchouli.
- Un objet ou représentation personnelle.
- Un billet de votre monnaie.

Comment procéder ?

1. Huilez votre noix de muscade, votre marron, votre billet avec l'huile de chance.
2. Déposez tout cela entre les chandelles jaune et verte et allumez ces chandelles.
3. Focalisez-vous sur votre intention pendant 13 minutes en regardant les flammes.
4. Laissez les chandelles brûler complètement puis mettez tous les éléments dans le sac de tissu.
5. Enduisez le sac entier avec de l'huile de chance rapide. Si vous êtes un joueur régulier ou que vous avez de gros problèmes financiers, rechargez votre sac toutes les semaines avec un peu de cannelle sucrée et enduisez-le avec l'huile.
6. Suspendez le sac au-dessus de la porte d'entrée pour apporter la chance rapide dans votre vie. Vous pouvez aussi le porter autour du cou avec une cordelette ou dans votre poche (droite pour les hommes et gauche pour les femmes).

Wanga pour l'argent

Matériel :

- Un morceau de tissu vert.
- Une noix de muscade complète.
- Un morceau de pyrite.
- Du sable magnétique.
- De l'huile de chance rapide ou d'attraction d'argent.
- Du poivre de la Jamaïque.
- De la cannelle.
- De l'Alfalfa.
- De la mousse irlandaise.
- Des graines de fenouil.
- De la résine de pin.
- Un billet de votre monnaie.
- Des éléments de votre corps.
- Un chèque rempli au montant que vous désirez obtenir.

Comment procéder ?

1 Disposez votre morceau de tissu et imprégnez-le d'encens « attraction d'argent ». Lorsque vous fabriquez ce wanga, vous pouvez aussi imprégner chaque élément de fumée de sauge, et de cèdre avant de les installer dans le tissu. Le dernier élément à installer sera le sable magnétique que vous répandrez en pluie au-dessus du reste.

2 Cousez le wanga et fermez-le avec un lacet.

3 Le dernier point sera d'enduire le wanga avec de l'huile chance rapide ou attraction d'argent pendant que vous récitez le psaume 23.

4 Une fois que vous avez terminé cette phase, portez le wanga à votre bouche et insufflez-lui la vie.

5 Ceci étant fait, pratiquez le rituel suivant :

- Allumez une chandelle verte, prenez votre wanga et concentrez-vous sur lui.
- Répétez la phrase suivante en boucle jusqu'à ce que vous sentiez que le travail commence à agir :

« Je veux que l'énergie contenue dans cette chandelle et dans ce sac harmonise,
soigne et équilibre mon être.
Que la magie de l'argent coule librement à travers ma vie.
J'attire l'argent comme un aimant

Je suis ouvert et réceptif à toute forme de prospérité
Puissent la lumière et l'amour m'entourer et me protéger
Qu'il en soit selon ma volonté. »

Attention, souvenez-vous que l'ensemble du rituel fait le wanga, pas juste le sac. C'est un acte magique, qui comprend aussi bien la création du charme que le sac.

Wanga pour éliminer l'anxiété et la peur

Ce wanga est idéal pour toute personne manquant de confiance en soi et ressentant de la peur ou l'anxiété, il est extraordinaire pour ceux qui doivent passer un examen, occuper une nouvelle position, vivre un changement de vie et pendant l'adolescence.

Matériel :

- Tissu jaune.
- Pyrite dorée.
- Sable magnétique.
- Pelures d'oranges.
- Fleur ou huile de mimosa.
- Extrait de citron.
- Représentations personnelles (ongle, cheveux, salive, sang...).

Comment procéder ?

1. Confectionnez ce wanga pendant une période de lune montante ou en pleine lune. Allumez la chandelle qui aura été ointe d'huile de succès.
2. Visualisez-vous intensément : fort, confiant et connaissant ce que vous avez besoin de connaître.
3. Répétez ce rituel chaque mois le dimanche en prenant bien soin d'huiler à nouveau le sac en même temps que votre front et votre cœur.
4. Accrochez le wanga au-dessus de la porte d'entrée pour chasser la peur et l'anxiété.
5. Vous pouvez aussi le porter autour du cou ou dans votre poche (droite pour les hommes, gauche pour les femmes).

Wanga de protection générale

Matériel :

- Un morceau de tissu rouge.
- De la peau de mue de serpent.
- Des os de grenouilles.
- Cendres de cigarettes.
- Crin de cheval.
- Une bille de turquoise (si vous l'avez sous la forme d'un œil, c'est idéal).

Comment faire :

1. Combinez l'ensemble dans le sac de tissu rouge et fermez-le avec un lacet.
2. Tenez le sac entre les paumes de vos mains et portez-le à votre bouche pour lui insuffler la vie.
3. Il va à partir de ce moment vous protéger du mal.
4. Suspendez-le au-dessus de la porte d'entrée pour empêcher le mal de pénétrer chez vous.
5. Vous pouvez aussi le garder en poche (droite pour les hommes, gauche pour les femmes).

Les poudres magiques

L'un des ingrédients les plus fréquents, ces poudres sont utilisées dans tous les rituels, bains, wangas.... Utilisées comme parfums, pour poudrer les cartes de jeux, les lettres que vous envoyez, comme gris-gris en soi, pour préparer vos chandelles. Vous pouvez aussi les utiliser pour dessiner les symboles sur le sol lors des rituels. Voici quelques recettes.

Poudre d'Adam et Ève

Utilisée soit pour renforcer une union existante, soit pour ramener l'amoureux qui est parti. Elle peut aider à réconcilier un couple ou à le détruire.

Pour l'utiliser, asperger le corps, les draps de lit et les quatre coins de la maison et du lit.

Mélangez :

- → Racine d'iris
- → Des bourgeons dorés
- → De la rose géranium
- → De la mélisse

Conservez dans un sachet en tissu.

Poudre ju-ju

Elle peut être utilisée pour amplifier n'importe quel travail de pouvoir, pour développer les pouvoirs de voyance et l'intuition. Très efficace en ajout aux gris-gris.

MÉLANGEZ :

- Racine de Galangal
- Bois de santal
- Feuilles de patchouli

Poudre Algiers

Elle est utilisée pour attirer l'amour en saupoudrant le corps ou en l'alliant à un gris-gris.

MÉLANGEZ :

- Patchouli
- Racine d'iris
- Huile vanille

Réduire les feuilles en fine poudre, puis les mixer avec quelques gouttes d'huile de vanille et une base de farine de maïs.

Poudre « s'il vous plait »

C'est une poudre de commandement et d'influence. Elle sert à amener les autres à avoir envie de vous faire plaisir à tout prix. Aspergez discrètement la personne que vous désirez contrôler ou mettez-en un peu sur le sol où elle va marcher.

MÉLANGEZ :

- Écorce d'orange
- Fleur d'oranger
- Feuilles de menthe
- Huile de musc
- Racines d'iris

Poudre de bénédiction

Très bonne poudre pour purifier et nettoyer un espace, attirer les bonnes énergies et les esprits bienveillants. Mettez-en tout autour de l'espace à purifier en faisant bien attention aux coins, aux fenêtres et aux seuils de portes. Saupoudrez-en un peu sur vous aussi afin de vous purifier l'esprit avant d'entamer un rituel.

MÉLANGEZ :

- ⟶ Fleurs de Lavande
- ⟶ Fleurs de Jasmin
- ⟶ Huile de Ylang-ylang
- ⟶ Gomme de Frankincense
- ⟶ Sable magnétique.

Broyez et mélangez les herbes et les huiles, puis versez le sable. Ajoutez le tout à une base de bois de santal en poudre.

Poudre de contrôle

Utilisée pour amener quelqu'un à faire ce que voulez.

MÉLANGEZ :

- ⟶ Fécule de maïs
- ⟶ Salpêtre
- ⟶ Sel d'Epsom.

Mélangez-les en parts égales.

Poudre d'attraction

Pour attirer la chance, le succès, l'amour…

MÉLANGEZ :

- ⟶ Farine de maïs
- ⟶ Sable magnétique
- ⟶ Sucre

Poudre « va-t'en » [Go away powder]

Cette poudre est très importante : c'est à la fois l'antidote de tous les « suis-moi » et une poudre générale de rupture. Si vous voulez vous séparer sans créer de vagues et de drames sentimentaux, utilisez cette poudre.

Mélangez :

- Poudre de piment
- Poivre de Cayenne
- De la craie brune
- ½ cuillère à thé de poivre noir
- ½ cuillère à thé de patchouli en poudre
- ½ cuillère à thé de gingembre en poudre
- ½ cuillère à thé de racine de « John le conquérant »

Poudre d'attraction d'argent [money drawing powder]

Mélangez :

- Cèdre
- Patchouli
- Galangal
- Gingembre
- Quintelle

Broyez les herbes et ajoutez-les à une base de poudre de cannelle.

Dragon Powder

Une des poudres les plus puissantes et les plus connues pour attirer l'argent et l'amour.

MÉLANGEZ :

- Menthe verte
- Cannelle
- Gros sel
- Résine de sang de dragon
- Benjoin

Mélangez les ingrédients à parts égales. À utiliser dans les rituels et gris-gris.

Les bains vaudous

Bains de chance et de protection

Dans la religion vaudoue, les bains de chance et de protection sont des bains rituels très répandus, pris par les vaudouisants dans le but d'attirer la protection des loas. Les bains de chance peuvent avoir lieu chez soi, dans le hounfor (le temple de la religion), ou encore dans des sources et des rivières lors de pèlerinages.

Les fidèles se font oindre par l'Houngan, le chef spirituel de la religion et l'organisateur des cérémonies. Avant de se plonger dans l'eau, les bains sont remplis d'herbes, d'huiles et de parfums. Avec ces bains, les adeptes obtiennent la protection des loas.

Il y a un certain nombre de choses à respecter pour préparer les herbes et autres ingrédients pour les bains vaudous :

⟶ les herbes ne doivent jamais être bouillies, elles sont lavées et placées dans un bol puis on verse de l'eau chaude par-dessus. On les laisse infuser une quinzaine de minutes puis l'eau est filtrée avant d'être mise à refroidir. C'est pendant cette période de refroidissement que l'eau se charge des vertus des herbes.

⟶ Les racines, les noix, les écorces et les fèves sont bouillies pendant 15 minutes dans un pot en fer. Soyez sûrs de ne pas utiliser de pots en aluminium ou d'autres métaux pour cet usage spécifique. L'eau doit devenir de couleur brune.

⟶ Pour préparer les fleurs et herbes fraiches, massez-les délicatement entre vos paumes puis placez-les dans de l'eau fraiche. Ceci étant fait, commencez à visualiser l'effet désiré et à prier dans cet objectif. Les herbes et fleurs sont alors filtrées et l'eau doit avoir une couleur verte. Ce liquide représente alors le sang vert de la terre qui rafraîchît et revitalise tout ce qui entre en contact avec lui.

Pour préparer et prendre votre bain :

- Réveillez-vous avant l'aube et faites couler l'eau. La baignoire doit être remplie d'eau chaude, mais pas brûlante.
- Commencez toujours par bénir l'eau de la baignoire. Vous pouvez faire cela par des prières ou par l'invocation des loas, saintes et autres entités en fonction de vos objectifs.
- Versez la préparation dans l'eau.
- Lorsque vous êtes dans la baignoire, frottez-vous de la tête aux pieds pendant que vous nommez les soucis que vous désirez régler. Si vous désirez vous débarrasser des négativités, versez l'eau sur votre tête et laissez-la ruisseler tout le long de chaque partie de votre corps. Si vous voulez développer des capacités, partez du bas et frottez votre corps vers le haut.
- Toujours bien nettoyer la baignoire avec du sel marin après le bain rituel. Nettoyez aussi tout objet qui a pu être utilisé dans le cadre de cette action.
- Prenez toujours un bain de nettoyage au savon avant le bain rituel. Pour le bain rituel, n'utilisez jamais de savon, huiles de bain ou autres ingrédients cosmétiques du commerce.
- Passez 15 minutes dans l'eau préparée pour un bain rituel. Vous pouvez méditer, visualiser, vous mettre en état de relaxation, prier... Comme bon vous semble.
- Ne restez jamais dans un bain rituel plus de 15 minutes. Laissez sécher votre corps à l'air libre pour accentuer les effets.

Bain vaudou classique

Base de bain valable pour toute situation et pour l'entretien quotidien :

1. Ajoutez simplement une poignée de sel consacré et une poignée de sel d'Epsom (sulfate de magnésium) dans l'eau du bain. Vous pouvez faire vos ablutions de bases en versant l'eau treize fois sur votre tête. Vous pouvez aussi y ajouter tout élément en relation avec votre but.
2. Jetez l'eau vers l'est avant le lever du soleil.

Bain trois-éléments

Élimine les courbatures et les douleurs, aide à s'autopardonner. Cette recette vient directement des esclaves de plantation en Louisiane.

MÉLANGEZ :

- Feuilles de chêne rouge
- Poudre de brique rouge
- Une grosse poignée de sel

Mettez les ingrédients dans un grand pot et couvrez à moitié d'eau. Faites bouillir 3 minutes, puis ajoutez la solution à votre bain. Laissez-vous tremper pendant 13 minutes. Lancez l'eau qui reste vers l'est avant le lever du soleil.

Bain aux treize herbes

Ce bain se prend pour démêler les soucis, en purification et en protection.

MÉLANGEZ :

- Herbe à 5 doigts (quintefeuille)
- Althéa (hibiscus)
- Hysope
- Rue
- Basilic
- Angélique
- Menthe
- Patchouli
- Verveine citronnée
- Dill (feuillage du fenouil)
- Pivoine
- Eucalyptus
- Sauge

Versez l'eau sur votre tête 13 fois pour éliminer de mauvaises conditions ou des négativités générales. Frottez-vous le corps avec l'eau de bas en haut si vous avez besoin de protections. Répétez ce bain tous les jours pendant 13 jours. Jetez l'eau du bain vers l'est avant le lever du soleil.

Bain bleu pour la protection

À faire si vous vous sentez nerveux, stressé, très anxieux ou même un peu paranoïaque... Ce bain va vous aider à retrouver votre calme et à chasser les mauvais esprits qui vous hantent

MÉLANGEZ :

- Colorant alimentaire bleu ou colorant indigo
- Herbes fraîches de romarin et de lavande
- Poudre de coquillage

Mélangez les ingrédients et allumez une chandelle consacrée bleue ou blanche. Faites également brûler de l'encens de pastèque.

Bain aux sept herbes pour la chance aux jeux

À utiliser si vous êtes un joueur habituel. Vous pouvez le prendre en bain complet ou uniquement pour vos mains. Si vous êtes vraiment un joueur fréquent, préparez une quantité à l'avance que vous pourrez garder au frigo.

Le moyen le plus simple de l'utiliser est de remplir votre bassine avec assez d'eau pour couvrir vos mains. Ajoutez une tasse de la préparation et lavez-vous les mains. Vous aurez, bien sûr, lavé vos mains au savon avant de procéder. Laissez-les ensuite sécher à l'air pour un effet plus puissant.

MÉLANGEZ :

- Piment de la Jamaïque
- Quintella
- Menthe poivrée
- Camomille
- Cannelle
- Mousse irlandaise
- Alfalfa

Bain magique pour développer et faciliter l'amour

Faites une base de bain classique et ajoutez-y des fleurs de rose et des fleurs d'oranger, puis de l'achillée.

Bains magiques pour chasser totalement les négativités

Les deux bains suivants sont destinés à vous débarrasser de toute énergie négative.

MÉLANGEZ :

PREMIER BAIN - INGRÉDIENTS :

- Hysope
- Romarin
- Rue
- Sel de terre
- Eau bénite
- Une cuillère à café d'eau de Cologne

DEUXIÈME BAIN - INGRÉDIENTS :

- Basilic doux
- Une cuillère à café de poudre de coquillage
- Eau bénite

Bain pour éliminer les personnes négatives de votre vie :

MÉLANGEZ :

- 1 cuillère à soupe d'ail
- Chardon béni
- Romarin
- Eau de Cologne
- Eau bénite

Bain à prendre si vous craignez que votre vie ne soit mise en danger par des envoûtements

Mélangez :

- Chardon béni
- Poudre d'os
- Trèfle
- Hysope
- ¼ de cuillère à thé de myrrhe
- Vétiver
- Une tasse de sel de terre
- Eau bénite
- Une tasse de lait de chèvre

Bain pour se nettoyer des conjurations et envoutements du passé

Mélangez :

- ½ tasse de sel de table béni en récitant le psaume 23 de la bible
- ½ tasse de gros casher
- ¼ de tasse de vinaigre

1. Ajoutez ces ingrédients à votre bain de base. Allumez deux bougies de part et d'autre de votre baignoire.
2. Installez-vous au milieu de votre baignoire et récitez le psaume 37.
3. Prenez une tasse et arrosez-vous 13 fois avec l'eau du bain.
4. À chaque tasse dite *« Retire cette négativité de moi »*.
5. Quand cela est fait, gardez dans une tasse l'eau de bain que vous mettrez en réserve puis videz la baignoire.
6. Laissez-vous sécher à l'air et mettez des vêtements propres.
7. Faites face à l'est et en regardant le soleil se lever, priez encore pour le nettoyage désiré. Puis jetez l'eau dans cette direction.

Bain de purification

À faire avant et après chaque cérémonie (surtout s'il a été question d'esprits négatifs).

MÉLANGEZ :

- Une poignée d'hysope
- Une poignée de rue
- Sel marin
- 2 chandelles blanches

Installez-vous entre les chandelles et allumez-les. Récitez le psaume 51 et versez l'eau sur votre tête. Jetez le reste de l'eau vers l'est avant le lever du soleil.

Bain pourpre de pouvoir

À faire quand vous sentez le besoin de pouvoir ou pour prendre le contrôle de votre vie et de vos affaires

MÉLANGEZ :

- Colorant alimentaire bleu ou rouge
- Quintella et graine de moutarde
- Prenez votre bain avec 2 œufs entiers que vous ne casserez pas
- Chandelle rouge ou pourpre (violette)
- Faites brûler de l'encens de sang de dragon

Bain magique pour ouvrir la route

Si vous avez été confronté à beaucoup d'obstacles dans votre vie et que vous vous sentez incapable d'aller plus loin, alors ce bain va vous aider. Il va détruire devant vous les obstacles négatifs et vous ouvrir les portes de nouvelles opportunités. Prenez ce bain tous les lundis, c'est le jour sacré de Legba, l'ouvreur de portes. Allumez une chandelle blanche chaque fois que vous faites ce bain.

MÉLANGEZ :

- 3 brins de romarin
- 3 bâtons de cannelle
- Un morceau de persil frais
- Des roses rouges et blanches
- Huile de coco

Bain pour enlever le mauvais œil

À faire quand vous avez été victime de la jalousie ou de l'envie de quelqu'un, prenez ce bain trois jours d'affilée, vous serez remis en état.

Remplissez votre baignoire d'eau chaude et ajoutez les ingrédients. Relaxez-vous pendant une quinzaine de minutes et visualisez une forteresse de lumière qui vous entoure. Laissez l'eau s'écouler et gardez les fleurs. Laissez-vous sécher à l'air. Prenez les œillets et un petit miroir et enterrez-les dans votre jardin le plus près possible de votre porte d'entrée principale.

MÉLANGEZ :

- 1 quart de litre de lait
- 3 œillets
- 3 poignées de sel consacré.

Bain blanc pour la purification

Ce bain est idéal si vous vous sentez spirituellement sale, si vous souhaitez nettoyer votre aura, si vous avez besoin d'une revitalisation spirituelle, ou simplement pour des symptômes de rhume.

MÉLANGEZ :

- ⟶ 2 à 4 tasses de lait en poudre
- ⟶ 2 à 4 cuillères à soupe d'anis
- ⟶ Sel de mer
- ⟶ Chandelle bleue ou blanche
- ⟶ Encens de noix de coco

Bain jaune pour l'attraction

Ce bain est bon pour améliorer la relation ou pour attirer un amoureux.

MÉLANGEZ :

- ⟶ Colorant alimentaire jaune
- ⟶ Fleurs de persil et d'achillée
- ⟶ Miel
- ⟶ Chandelles jaunes ou orange
- ⟶ Patchouli ou encens de cannelle

Cette liste de bains n'est pas exhaustive, et on pourrait en faire un livre complet. Je vous suggère donc d'analyser en profondeur à la fois vos besoins et les utilités des différents composants listés précédemment pour commencer petit à petit à élaborer vos propres recettes de bains, celles qui seront le mieux adapté à vos besoins et à votre personnalité.

Les huiles vaudoues

Le vaudou utilise beaucoup les huiles rituelles, aussi bien comme un parfum magique à porter sur soi (attention aux allergies possibles) que comme ingrédient, souvent indispensable dans l'élaboration d'autres outils comme les gris-gris ou les bains. Elles servent souvent à activer les chandelles que vous allez utiliser pendant vos rituels.

Les recettes de ces huiles sont un mélange entre les traditions africaines, les conditions de vie des anciens esclaves dans les plantations et la parfumerie occidentale apportée par les colons. Chaque sorcier a ses propres recettes qui se rejoignent souvent. Les recettes données ci-dessous sont des propositions que vous devrez adapter en fonction de votre intuition, gardez les éléments herbeux principaux et trouvez les proportions qui vous conviennent le mieux. Utilisez plutôt des herbes sèches que des herbes fraiches.

Huile d'Abramelin

Cette huile est nommée et faite d'après les recettes de John Dee astrologue d'Elizabeth Ie d'Angleterre. C'est une huile de protection, d'amplification de pouvoir, aide à gagner les procès

Mélangez :

- 4 parts d'écorce de cannelle
- 2 parts de résine de myrrhe réduite en poudre fine
- 1 part de racine de Calamus réduite en poudre
- 7 parts d'huile d'olive

Le calamus est une espèce de palmier que vous trouverez chez les herboristes.

Vous pouvez aussi le remplacer par du galanga.

Mélangez intimement herbes et épices au mortier et au pilon. Puis ajoutez l'huile d'olive et mélangez. Laissez reposer pendant un mois puis transférez dans une bouteille.

Vous pourrez l'utiliser pour oindre les chandelles ou comme parfum à même le corps. Cette huile est traditionnellement conservée en dessous de l'autel.

Huile d'abondance

Utilisez-la comme parfum, pour oindre les chandelles ou dans les bains rituels. Elle est utilisée dans tous les rituels d'abondance ou comme charge magique constante sur vous.

MÉLANGEZ :

- Épicéa
- Myrrhe
- Patchouli
- Cassia (Chez l'herboriste ou chez le marchand de graines)
- Orange en poudre ou en pépins séchés
- Clous de girofle
- Gingembre
- Benjoin réduit en poudre
- Frankincense (chez tous les marchands ésotériques)

Mélangez en parts égales dans une base d'huile d'amande amplifiée à la vitamine E ou à la poudre de benjoin, à conserver au sec.

Huile Adam et Ève

Utilisée pour intensifier l'amour entre 2 personnes de sexe différent. Vous pouvez l'utiliser pour ramener votre amoureux vers vous après une dispute.

MÉLANGEZ :

- Huile de rose géranium
- Huile de musc
- Mélisse
- Fleur de pommier
- 2 pierres de magnétite
- Sable magnétique (Sable mélangé à la poudre de magnétite)
- De la racine d'Adam et Ève
- Poudre de benjoin

Mélangez en parts égales dans une huile d'amande renforcée avec le benjoin.

Huile Ju-ju

Elle est très puissante pour vaincre les ennemis et accrocher vos clients. Elle est aussi utilisée pour la protection et pour huiler les chandelles avant les rituels.

MÉLANGEZ :

- → Myrrhe
- → Mimosa
- → Jasmin
- → Patchouli
- → Galanga

Mélanger à parts égales dans de l'huile d'amande. Récitez le psaume 23 lorsque vous l'utilisez et focalisez-vous intensément sur l'objectif. Dans l'idéal, à préparer et à utiliser en période de pleine lune ou de lune montante.

Huile longue nuit

Cette huile à une action aphrodisiaque, elle calme les tensions sexuelles et les problèmes de couple. Elle est recommandée pour les couples qui ont perdu leur intensité.

MÉLANGEZ :

- → Amande écrasée
- → Benjoin liquide
- → Jasmin

Mélangez à parts égales. Portez cette huile comme parfum ou pour enrober vos bougies rouges dans les rituels d'amour.

Huile d'autel

Cette huile est l'une des principales huiles utilisées pour travailler sur des objectifs très positifs comme les bénédictions et les guérisons. Elle est utilisée pour enrober les chandelles de début et de fin de rituel et pour obtenir l'aide des esprits pour le travail à faire. Vous l'utiliserez aussi pour bénir tous les composants de votre autel. Cette huile ne doit jamais être utilisée à des fins négatives ou matérielles.

MÉLANGEZ :

→ 40 gouttes de franck incense
→ 20 gouttes de myrrhe
→ 10 gouttes de cèdre

Mélangez l'ensemble avec 2 centilitres d'huile d'olive. Ajoutez un morceau de franck incense solide et un peu de gomme de myrrhe dans chaque bouteille pour plus d'efficacité.

Huile des archanges

Huile extraordinairement puissante pour briser les malédictions, protéger des démons et invoquer l'aide des esprits positifs. Cette huile sera particulièrement efficace si vous voulez invoquer et honorer l'esprit des ancêtres.

Pour ces invocations, gravez le nom du mort ou de l'ange invoqué sur une bougie bleue et enduisez-là de l'huile des archanges.

MÉLANGEZ :

→ Lavande
→ Bois de santal
→ Eau bénite
→ Eau de source
→ Racine d'angélique

Mélangez en parts égales au mortier et au pilon avec 2 centilitres d'huile d'olive. Ajoutez un morceau de racine d'angélique entier par bouteille.

Huile d'enrobage

Recette très basique pour enrober vos chandelles. Parfaite pour tous les actes de bénédiction et de consécration.

MÉLANGEZ :

- 35 gouttes de Frankincense
- 35 gouttes de myrrhe.
- Mélangez avec 2cl d'huile d'olive

Huile d'attraction

Cette huile est un classique vaudou pour tout rituel d'attraction d'argent et d'amour.

MÉLANGEZ :

- 2 parts d'huile macérée aux piments de la Jamaïque
- 2 parts d'huile de musc
- 1 part d'huile essentielle d'oranger
- ½ part d'huile de pois chiches
- Huile de benjoin

Mélangez le tout en parts égales dans une base d'huile d'amande. Ajoutez un peu de graine de coriandre dans chaque bouteille.

Huile sacrée

C'est une huile que chacun devrait toujours avoir à disposition pour les actions positives. C'est aussi une huile à utiliser quand on travaille avec des anges et des saints en même temps que les loas vaudous. Cette huile est utilisée pour donner des bénédictions, pour augmenter les protections des esprits positifs pendant les périodes difficiles et pour bloquer pacifiquement les attaques ennemies. Elle attire aussi les bonnes influences sur vous et sur les autres.

Mélangez :

- Huile essentielle de Lavande
- Huile essentielle d'Angélique
- Huile essentielle d'ylang-ylang
- Rue
- Sable magnétique
- Une pièce d'Aigremoine
- Huile de Benjoin

Mélangez le tout dans une base d'huile d'olive un dimanche en lune montante en priant pour obtenir les bénédictions dont vous avez besoin.

Huile de réparation des patrons

Particulièrement populaire en Louisiane, cette huile va vous aider à régler tous vos problèmes avec vos employeurs. Elle va aussi vous permettre, d'une façon générale, d'obtenir une ambiance harmonieuse dans votre cadre de travail, d'obtenir plus facilement une promotion, d'arrêter toute forme de harcèlement exercé par vos supérieurs. Pour l'utiliser :

- Inscrivez le nom de la personne responsable que vous voulez influencer sur un morceau de papier brun.
- Tournez le papier de 90° et inscrivez votre nom et votre intention en les faisant croiser le premier nom.
- Enduisez les 4 coins du papier avec l'huile que vous allez fabriquer.
- Mettez le papier dans votre chaussure droite pour marcher vers la personne.
- Enduisez le bureau de la personne ou les papiers qu'il va toucher.

Mélangez :

- Tabac
- Sauge
- Piment
- Chanvre agricole (gravel root en anglais)

Mélangez le tout dans une base d'huile d'olive. Ajoutez-y une dose de vitamine E pour l'empêcher de s'oxyder. Ajoutez un morceau de la racine dans la bouteille et un peu de sucre.

Huile d'attraction « come to me »

Pour attirer la personne que vous désirez vers vous.

MÉLANGEZ :

- → Huile magnolia
- → Huile de vétiver
- → Huile de rose
- → Huile de gardénia
- → Cataire
- → Magnétite
- → Fleurs de chèvrefeuille
- → Huile de fleur d'oranger
- → Pétales de rose si l'objectif est d'amplifier l'amour
- → Cannelle pour amplifier la passion et le sexe
- → Racine d'iris pour attirer les femmes ou les mâles
- → Huile de benjoin

Mélangez les éléments dans une base d'huile d'amande.

Huile de commandement ou Baume commandeur

Son utilisation permet d'avoir une forte influence sur autrui.

Pour l'utiliser, frottez-vous les mains d'un peu de cette huile avant de rencontrer la personne. Soyez sûr de toucher la personne ou de lui serrer la main, et regardez-là directement dans les yeux en focalisant sur votre désir.

MÉLANGEZ :

- → Bergamote
- → Peuplier baumier
- → Clou de girofle
- → Quintella
- → Racine ipomoea (John the conqueror root)
- → Huile de benjoin

Mélangez le tout dans une base d'huile d'olive.

Huile de tribunal

Quand vous avez besoin d'avoir la main sur une situation légale ou d'influencer des médiateurs, juges ou jury. Enduisez des chandelles brunes en vous focalisant sur le but recherché, continuez jusqu'à ce que la chandelle soit terminée.

MÉLANGEZ :

- Galangal
- Fleurs de calendula (souci en français)
- Pétales d'œillet
- Graines de fenouil
- Deer's tong herbe (vous pouvez en trouver dans les boutiques ésotériques africaines)
- Benjoin
- Frankincense
- Chèvrefeuille

Mélangez tous les éléments au pilon dans une base d'huile d'olive.

Huile de domination

À utiliser dans tous les cas où vous désirez la domination, le pouvoir, le contrôle sur les événements.

MÉLANGEZ :

- 4 parts de patchouli
- 4 parts de vétiver
- 1 part de citron
- 1 part de Frankincense
- 1 part de racine de calamus
- 1 part de racine de réglisse
- Benjoin

Mélangez le tout au pilon sur une base d'huile d'amande douce.

Huile de sang de dragon

Sans doute l'une des plus connues et sûrement l'une des plus puissantes huiles de protection. Elle augmente le pouvoir pour tout but positif du désenvoutement à l'amour

MÉLANGEZ :

- Morceaux de résine de sang de dragon
- Vétiver
- Racine d'l
- Racine d'alkanet (aussi appelé orcanette des teinturiers)
- Résine de benjoin liquide

Mélangez intimement tous les éléments dans une base d'huile d'amande. Le résultat est une huile hyper puissante normalement d'une couleur vert très sombre.

Huile de Erzulie Freda

Utilisez cette huile pour augmenter votre magnétisme personnel et pour attirer l'amour et la prospérité.

MÉLANGEZ :

- ¾ de tasse huile de jujube
- ½ cuillère à thé d'huile essentielle de rose
- ½ cuillère à thé d'huile essentielle de lavande
- 1 cuillère à thé d'huile essentielle de géranium
- ¼ de cuillère à thé d'huile essentielle de ylang-ylang
- Benjoin liquide

Ajoutez tous les éléments à une base d'huile d'amande douce et stockez-la à température de la pièce. Portez-la comme parfum ou pour enduire les bougies pendant un rituel.

Essence de Van-Van

L'une des préparations les plus simples et en même temps les plus populaires, surtout dans le vaudou de la Nouvelle-Orléans. Elle est utilisée pour attirer le succès, la chance aux jeux et dans les rituels de pouvoir.

MÉLANGEZ :

⟶ Huile essentielle de citronnelle

⟶ Alcool neutre

⟶ Ajoutez simplement 10 pour cent de citronnelle à l'alcool

À utiliser pour bénir votre maison en aspergeant la façade et le seuil. Vous pouvez aussi l'utiliser pour faire un nettoyage général de votre maison, planchers et meubles.

Huile chance rapide

Chance générale, jeux, amour... Utilisée comme parfum ou pour enduire les chandelles lors de rituels.

MÉLANGEZ :

⟶ Citronnelle

⟶ Cannelle

⟶ Bergamote

⟶ 3 baies de genévrier par bouteille

⟶ Une petite pierre de pyrite

⟶ Benjoin

Ajoutez tous les éléments à une base d'huile de tournesol.

Huile pour avoir du travail

C’est une huile magique pratique qui va vous aider à obtenir le travail que vous désirez et à le garder. Prenez votre demande d’emploi et enduisez-la d’huile aux quatre coins. Si vous postulez en ligne, enduisez-vous tout en vous focalisant intensément sur la demande. Quand vous sentez en vous que le travail est fait, alors envoyez la demande.

MÉLANGEZ :

- ⟶ 1 part de bois de santal
- ⟶ 1part d’huile de Patchouli
- ⟶ 1 part d’huile de girofle
- ⟶ 1 part de Frankincense
- ⟶ 1 part d’huile de noix de muscade
- ⟶ 1 part de benjoin

Mélangez dans une base d’huile d’olive.

Huile de l’Esprit saint

C'est une des huiles de la Sainte Trinité comme l’huile d’autel et l’huile Van-Van. Elle est utilisée pour les travaux très positifs et l’invocation des esprits, elle est idéale pour se bénir soi-même ou d’autres, mais aussi pour bénir les objets rituels…

MÉLANGEZ :

- ⟶ Muguet
- ⟶ Basilic
- ⟶ Hysope
- ⟶ Lavande
- ⟶ Benjoin

Mélangez le tout dans une base d’huile d’olive.

Huile de Legba [Saint Antoine]

Pour créer des opportunités, ouvrir les portes et dégager les obstacles.

MÉLANGEZ :

- Café en grains
- 3 doses d'huile d'avocat
- 3 doses d'huile de coco
- Huile de palme
- Sucre
- 1 dose de rhum
- De l'herbe d'arbre Camino (Dans les herboristeries)
- Benjoin

Mélangez dans une base d'huile d'olive ou d'huile d'amande douce.

Huile Van-Van

La troisième des huiles de la Sainte Trinité, destinée à tous les usages de bénédiction. Cette huile peut être utilisée pour amplifier n'importe quel type de rituel. Son usage est donc multiple, allant de la bénédiction au désenvoûtement en passant par les rituels d'attraction d'amour ou d'argent. Elle peut être utilisée directement sur le corps ou pour enduire des bougies ou des objets de rituel.

MÉLANGEZ :

- Huile essentielle de citronnelle
- Huile essentielle de citron
- Huile essentielle de vétiver
- Huile essentielle de palmarosa
- Huile essentielle de gingembre
- Huile essentielle de verveine citronnée
- Benjoin

Mélangez en parts égales sur une base d'huile de tournesol ou d'amande douce.

Huile magnétique

Utilisée pour toute forme d'attraction, c'est une huile idéale pour préparer les chandelles et augmenter leur magnétisme. Elle peut aussi être ajoutée aux gris-gris.

MÉLANGEZ :

- → Une pierre de pyrite ou une magnétite
- → Sable magnétique
- → Une bible
- → Une huile minérale

Placez votre bible sous la lumière de la pleine lune. Placez la bouteille que vous allez utiliser sur la bible. Mettez-y la pierre suivie d'une poignée de sable magnétique. Ajoutez une goutte d'huile par année de votre vie plus une autre. Recommencez chaque pleine lune jusqu'à ce que vous ayez une bouteille pleine.

Huile de Hogou ou huile de Saint-Jean-Baptiste

À utiliser comme protection contre les ennemis, les mauvaises influences et les esprits démoniaques, mais aussi pour éliminer les barrières.

MÉLANGEZ :

- → Feuilles d'eucalyptus
- → Feuilles de romarin

Ajoutez deux cuillères à soupe de chaque herbe à deux cuillères d'huile d'olive. Puis terminez avec une pierre de sel pour honorer Hogou.

RÉCAPITULATIF - herbes et encens utiles à la fabrication de wangas, des huiles et des bains

Encens

Bois d'aloès - Brulé comme un encens spirituel à la manière des traditions bibliques. Il protège contre les mauvais esprits, mais peut aussi attirer, renouveler et renforcer les relations amoureuses. Pour éliminer les esprits diaboliques, il sera mélangé avec du bois de santal de la myrrhe et de la résine de sang de dragon avant d'être brûlé sur des charbons de bois pour être fumigé. En association avec certaines huiles, il peut aussi être utilisé pour des invocations moins propres.

L'alum - Renforce les talismans et les amulettes. Mélangez-le à de la poudre d'encens et la poussière de sol pour invoquer les ancêtres.

Ambre - Pour les rituels amoureux.

Benjoin - Il dégage une légère odeur de vanille, écarte les démons, apporte la chance, bénis la maison. Il est souvent utilisé en combinaison avec le camphre pour nettoyer la maison de toutes influences négatives.

Camphre - Encens de purification, aide à obtenir des rêves.

Cèdre - Bénédictions et purifications.

Copal - Développe la fumée sacrée, utilisé pour les rituels d'amour, les bénédictions et les soins pour des problèmes de respiration.

Sang de dragon - Il s'utilise en résine ou en poudre pour les rituels de chance au jeu ou en amour, ou pour sauvegarder des emprises diaboliques.

Frankincense - Utilisé pour les fumigations spirituelles. Il peut être utilisé pour les bénédictions de protection, consécrations, intensification de la concentration, le contrôle des esprits.

Jasmin - Encens spirituel utilisé dans les rites d'amour et concernant la famille, souvent associé à Erzulie, jemenja...

Lavande - Fumigé sous forme d'encens, il est utilisé pour amener la paix intérieure et pour attirer les personnes du même sexe.

Myrrhe - Encens biblique, utilisé pour apporter la paix, la santé, relaxation, stimulation de l'amour, bénédictions, onctions de protection, purifications.

Patchouli - Pour les protections et les bénédictions.

Sauge - Purificateur, cet encens est utilisé pour créer un espace inviolable pendant les cérémonies durant lesquelles des forces maléfiques sont évoquées.

Bois de santal - Fumigatoire sacré utilisé comme aphrodisiaque, mais aussi pour les protections, la mise en sécurité.

Herbes, plantes et racines de base

Racine d'Adam et Ève - Amplifie l'amour entre deux personnes.

Piment de la Jamaïque - Donne la chance aux jeux de hasard et le succès dans le business, soulage du stress psychologique...

Alfalfa - Cet encens augmente la chance de manière générale, mais en particulier dans le jeu. Il aide dans le commerce, assure la sécurité financière, prévient de la pauvreté, etc.

Racine d'alkanet - Chance au jeu et en affaires, il apporte la bonne santé et permet de donner une couleur rouge aux préparations.

Aloé Vera - Protection en général.

Racine d'angélique - Protège les enfants et donne du pouvoir aux femmes.

Anis - Protection générale, chance au jeu, augmente les capacités psychiques, protège du mauvais œil.

Asa-fœtida - Permet en même temps de jeter des malédictions et de s'en protéger.

Basilic - Amour, protection, santé, bonheur, argent et succès.... Le basilic est généralement associé avec Erzulie.

Feuilles de laurier - Protection, santé, développement des pouvoirs, augmente la sagesse, clarifie les pensées, écarte le diable et protège du mauvais œil, écarte les ennemis et amène la victoire...

Graines de moutarde noire - Crée des perturbations et des conflits.

Graines de poivre noir - Prévient des visiteurs indésirables et cause douleurs et regrets aux ennemis.

Épines de cactus - Utilisées en protection, ces épines sont aussi utilisées pour l'utilisation des poupées.

Cataire ou herbe à chat - Renforce l'amour et rend les femmes irrésistibles.

Poivre de Cayenne - Écarte les ennemis et cause du désordre et de la confusion dans leur vie privée.

Cèdre - Protection, nettoyage spirituel, bénédiction, santé, renforce les pouvoirs positifs.

Camomille - Bonne chance en général, chance aux jeux, nettoie les envoôtements d'argent.

Cannelle - Protection, bonne santé, pimente la vie de couple, apporte la bonne fortune dans le business et les jeux de hasard.

Clous de girofle - Apporte amour, argent et amitié.

Trèfle - Amour.

Racine de cyprès - Appel des ancêtres, travail de protection, défense contre le mal.

Damiana- Pour attirer de nouvaux amours.

Pissenlit - Exhausse les vœux, augmente les pouvoirs de perceptions psychiques.

Dill (feuilles de fenouil) - Amour, brise les envoûtements d'amour maléfiques, restaure les sensations sexuelles, donne de la chance pendant les procès, augmente l'immunité du corps.

Eucalyptus - Protection contre les envoûtements, éloigne les démons, casse les mauvaises habitudes.

Fenouil (tête) - Pour la protection ; il garde les esprits éloignés et protège des perturbateurs.

Galangal - Pour gagner les procès, il apporte la faveur des juges. C'est un encens à chiquer puis à cracher sur le sol.

Ail - Protège des démons de toutes sortes.

Gingembre - Chance aux jeux et en amour.

Mousse irlandaise - Chance aux jeux, argent ou jeux.

Lierre - Protection générale.

Jasmin - Apporte l'amour.

Lavande - Apporte protection générale, amour, paix, aide à installer un esprit de coopération.

Réglisse - Pour le pouvoir et la domination.

Lilas - Protection générale.

Feuilles de magnolia - Protection, apporte la fidélité en amour.

Racine de magnolia - Attire l'amour ou la richesse, utilisée dans les poupées.

Menthe - Protection, repousse les ennemis de rencontre, développe les facultés de voyance, bloque les esprits non désirés.

Armoise - Développe les capacités de voyance quand elle est brûlée et respirée. Elle s'utilise aussi sous forme d'infusion pour purifier les cristaux et les amulettes.

Gui - Protège des ennemis, des démons et des envoûtements d'amour.

Moutarde blanche en graines - Protection contre les nuisances, restaure l'amour, restaure l'énergie sexuelle masculine.

Chêne - Bonne chance générale, nettoie les esprits non désirés à domicile ou au travail

Pelures d'oranges - Bonne chance en général et surtout aux jeux.

Oignon - Protection.

Racine d'iris - Attire les hommes.

Persil - Protection, apporte amour, fertilité, peut aussi être utilisé en cas de danger de mort.

Patchouli - Protection, attire l'amour et l'argent.

Framboise en feuille - Apporte chance et fidélité.

Roses - Pour l'amour, la chance, séduction, associée à Erzulie.

Romarin - Renforce le pouvoir des femmes, attire les gardiens les plus puissants, Met des barrières de protection contre les démons, apporte la chance dans les affaires de famille, donne de beaux rêves.

Sauge - Protection, purification, bénédiction, sagesse, donne le pouvoir aux femmes.

Salsepareille - Rend conquérant, apporte le succès.

Racine de sassafras - Elle est utilisée pour les problèmes des yeux.

Mousse espagnole - Utilisée pour remplir les poupées vaudoues, sert pour toute forme d'envoûtement, attire l'argent.

Menthe verte - Attire l'amour.

Anis étoilé - Apporte la chance dans la vie et aux jeux, rêves de bonheur, protection contre les jalousies.

Gentiane rayée - Attire l'amour entre hommes.

Thym - Apporte la paix de l'esprit, augmente et protège la fortune, arrête les cauchemars.

Vanille - Apporte l'amour.

Les poupées vaudoues

Lorsque l'on entame une discussion sur le vaudou, on s'aperçoit qu'il existe quelques éléments qui reviennent de façon récurrente : les principaux sont la magie noire, les zombies et les poupées vaudoues.

Nous avons parlé des zombies dans le chapitre concernant les caractéristiques du vaudou et nous venons de décrire quelques rituels typiques de la magie vaudoue. Mais qu'en est-il de ces fameuses poupées ? Elles intriguent, elles inquiètent, elles titillent l'imagination et il est clair que, déjà en dehors de toute autre considération, leur aura de mystère et de maléfice leur octroie un pouvoir impressionnant sur l'imaginaire humain.

Nous allons essayer de débroussailler le sujet. La première chose qu'il faut se demander est de savoir à quoi sert réellement la poupée.

Si l'on excepte l'effet psychologique, on peut considérer qu'il s'agit essentiellement d'un support d'action, d'un témoin qui va représenter le sujet sur lequel va porter l'opération magique.

C'est l'équivalent vaudou de la dagyde occidentale. Nous avons pu lire plus haut que l'on pouvait utiliser des poupées de cire dans certaines applications. Ces formes de cire peuvent être avantageusement remplacées par la poupée vaudoue typique.

Nous allons vous parler de deux types principaux de poupées vaudoues. La poupée de paille et de chiffon commune, que vous trouverez fréquemment en usage chez tous les adeptes du vaudou. Et le fétiche de bois, objet beaucoup plus puissant, dont le secret était jusqu'à présent jalousement gardé par les magiciens et sorciers « professionnels », peu désireux de partager le vrai pouvoir.

La poupée commune

Comment la fabriquer ?

Rappelez-vous toujours que l'intention prime sur la perfection purement technique. Quel que soit l'aspect final que votre poupée aura, ne vous inquiétez pas outre mesure si vous n'êtes pas doués pour le bricolage.

Il est par contre essentiel que le matériel utilisé pour la fabrication soit neuf et ait été choisi en pensant au but poursuivi dans la réalisation de l'objet.

Pour amplifier la puissance de votre instrument, il est recommandé de commencer les opérations aux jours suivants :

⟶ Lundi : pour les opérations concernant l'imaginaire, la famille, les changements d'habitude et les manies, mais aussi pour la réussite des trahisons, des complots et autres actions en sous-main. Lundi étant jour de lune, on peut démarrer ce jour-là, les actions concernant les cibles féminines et médicalement, ce qui se rapporte à l'estomac.

⟶ Mardi : jour de Mars ; pour les actions nécessitant une forte énergie, voire une certaine violence pour avancer, pour tout ce qui est combat, guerre, jalousie, compétition, prise de pouvoir et de puissance, et médicalement ce qui se rapporte au système musculaire, mais aussi à tout ce qui est en rapport avec l'énergie du feu (inflammation, brûlure).

⟶ Mercredi : jour de Mercure, convient parfaitement pour aider à la réussite ou à l'échec d'une entreprise intellectuelle ou de communication et pour toute négociation. Convient aussi pour faciliter ou rendre infernale, voire dangereuse toute espèce de voyage, pour donner l'avantage ou le désavantage aux joueurs. Il peut aussi être utilisé dans le cadre de l'aide aux commerces ou leur échec. Médicalement, tout ce qui se rapporte au système nerveux.

⟶ Jeudi : jour de Jupiter ; idéal pour tout ce qui concerne les problèmes de justice, les grosses entreprises commerciales. Convient aussi pour les opérations de protection générale, pour modifier le comportement de quelqu'un concernant la religion, la morale, la compréhension des choses philosophiques et enfin, convient pour réaliser des travaux concernant les longs voyages à l'étranger, mais aussi la chasse. Médicalement, ce jour concerne tout ce qui se rapporte au foie.

⟶ Vendredi : jour de Vénus, convient parfaitement à tout ce qui se rapporte aux sentiments, pour attirer la personne de votre choix, dans le cadre de l'amour, de l'amitié et du sexe, mais aussi pour séparer un couple déjà existant ou créer des problèmes dans un groupe. Il peut aussi aider si l'on désire la ruine d'une association, d'une société ou d'un bâtiment. Médicalement, ce jour se rapporte à tout ce qui touche à la gorge.

- Samedi : jour de Saturne. C'est le jour pour entrer dans le royaume de Bawon Samdi, pour vous protéger contre les actions néfastes de vos ennemis. Médicalement, Saturne correspond à tout ce qui touche au squelette.
- Dimanche : jour de Soleil, jour de Dieu. On ne fera le dimanche que des actions pieuses destinées au bien de l'humanité et à votre protection.

Après avoir déterminé quel jour est le plus approprié pour commencer les opérations, vous pouvez vous procurer les éléments nécessaires à la confection de votre poupée.

Matériel :

- Deux morceaux de bois. L'un de dix à quinze centimètres de long et l'autre de vingt-cinq centimètres.
- Un peu de tissu dans la couleur correspondant au jour de la semaine : blanc pour le lundi, rouge pour le mardi, gris ou brun pour le mercredi, bleu pour le jeudi, vert pour le vendredi, noir pour le samedi et jaune pour le dimanche.
- Une bougie de la couleur du jour.
- De la paille pour bourrer le corps.
- Une boule pour la tête.
- Du fil et une aiguille pour assembler le tout.
- De l'encens de cèdre pour la bénédiction de la poupée.
- Des cheveux, ongles, poils ou tout autre élément provenant de la personne qui est représentée (dans la mesure du possible naturellement). Si cela s'avère impossible, un morceau de parchemin au nom du sujet remplacera les éléments physiques.
- Un morceau de parchemin reprenant les caractéristiques principales de la personne.

La confection de la poupée

1. Commencez par coudre une robe avec le tissu.
2. Prenez le plus petit morceau de bois et placez-le dans les manches du vêtement.
3. Placez le plus long des morceaux pour en faire le corps, en laissant l'espace suffisant pour y installer la tête.
4. Bourrez le corps de paille et intégrez-y les éléments physiques dont vous disposez.
5. Fermez bien la robe et installez la tête et vérifiez que l'ensemble est bien fixé. Puis peignez la tête.

Activation de la poupée

1. Allumez l'encens et la bougie. Récitez trois fis le « Notre Père ».
2. Dessinez sur le sol le dessin du vévé des secrets.
3. Passez la poupée trois fois au-dessus de l'encens puis brûlez le parchemin avec le nom de la personne en disant trois fois les mots suivants : *« Par ces mots et par la volonté de Damballah, maître de l'univers, de Legba, maître de l'invisible, d'Erzulie, maîtresse des sentiments, par le pouvoir de Kalfou, maitre des destinées et de Bawon Samdi, maître du royaume des morts, que ton âme soit transférée dans cette image. Par les pouvoirs des loas, vous ne faites plus qu'un. Ton nom est maintenant dans la main des démons. Tu es en mon pouvoir aussi longtemps que je le veux. »*
4. Embrassez la poupée sur les deux yeux en disant : *« Par ce baiser, je te donne la vue »*.
5. Embrassez-la sur les deux oreilles en disant : *« Par ce baiser, je te donne l'ouïe »*.
6. Embrassez-la sur la bouche en disant : *« Par ce baiser, je te donne le souffle de la vie »*.
7. Redites trois fois le « Notre Père » en faisant le signe de croix sur les oreilles, les yeux et la bouche.
8. Enfin, dites les mots suivants : *« par Damballah, par Legba, par Erzulie, par Kalfou et par Bawon Samdi, je te baptise et te donne la vie au nom du Père, du Fils et du Saint-Esprit. Amen. »*

Votre poupée est maintenant prête à l'usage. Sachez qu'à partir de maintenant, vous avez un pouvoir réel sur la personne représentée.

Comment utiliser votre poupée ?

Vous avez maintenant entre les mains un véritable outil de pouvoir, encore faut-il l'utiliser correctement.

Nous allons prendre pour exemple un envoûtement d'amour. Vous voulez les faveurs d'une personne, mais elle ne partage pas votre attirance.

En premier lieu, nous allons choisir le ou les loas avec lesquels nous allons travailler. Dans le cas présent, il s'agit d'Erzulie qui préside aux destinées amoureuses, mais comme vous voulez être certain de votre fait et que l'opération s'annonce délicate, vous allez aussi faire appel à Bawon Samdi et à ses ouailles les Guédés.

Puisqu'il s'agit d'un problème amoureux, vous commencerez votre préparation un vendredi. C'est-à-dire que vous ferez les achats nécessaires à la fabrication de la poupée ce jour-là.

N'oubliez pas de vous procurer un élément physique appartenant à la personne que vous convoitez. S'il ne vous est pas possible d'obtenir des cheveux ou autres éléments organiques, essayez un vêtement sale, un filtre de cigarette ou tout objet pouvant avoir recueilli l'A.D.N. du sujet, sinon le parchemin avec les caractéristiques de la personne devra faire l'affaire.

Préparez la poupée comme décrite plus haut pour pouvoir combiner de la façon la plus efficace l'action d'Erzulie avec celle de Bawon Samdi.

Je vous conseille de démarrer la phase finale du rituel dans la première heure de la nuit de vendredi à samedi.

Matériel :

- Votre poupée préparée au nom de l'objet de votre désir.
- De la farine pour tracer les vévés.
- Un brasero et de charbon de bois pour les encens.
- Un verre de rhum et d'un cigare.
- Deux morceaux de parchemin.
- De l'encre de Chine.
- Une plume à encre.
- Un peu de ficelle verte.
- Une bougie rouge et une bougie noire.
- Sept épingles d'acier.
- Une table nappée de noir sur laquelle vous déposerez votre matériel.

Comment faire ?

1. Commencez par dessiner les vévés d'Erzulie et de Bawon Samdi sur le sol.
2. Allumez le brasero et les bougies.
3. Dites trois fois le « Notre Père ».
4. Sur les parchemins, écrivez exactement ce que vous voulez qu'il se passe. Couvrez d'encens avant que l'encre ne soit sèche.
5. Déposez de l'encens sur le brasero. Dites alors les invocations à Erzulie et à Bawon Samdi :

   « Erzulie, je t'invoque en ce jour qui est ton jour pour que (nom de la personne concernée) *vienne à moi quoi qu'il en soit ».*

   « Bawon Samdi, maître tout puissant du royaume des morts, enjoints à tes sujets de venir à moi pour exaucer mes souhaits. »

   Ajoutez : *« Bawon Samdi, que par ta puissance les forces des ténèbres obligent* (citez le nom de la personne) *à venir à moi et à se soumettre à mes désirs et volontés. »*
6. Passez la poupée dans la fumée de l'encens et répétez les invocations sept fois d'affilée.
7. À chaque répétition, enfoncez une des épingles d'acier dans le cœur de la poupée.
8. Allumez le cirage et prenez une gorgée de rhum. Recrachez la fumée du cigare et l'alcool sur la poupée en disant : *« que par ces offrandes, les loas t'amènent à moi. »*
9. Prenez les parchemins et faites-en deux petits rouleaux que vous attacherez avec la ficelle verte en y faisant sept nœuds.
10. Brûlez-en un à la flamme de chaque bougie en redisant les invocations à Erzulie pour la bougie rouge et à Bawon Samdi pour la bougie noire.
11. Restez quelques minutes en méditation en pensant fortement à votre demande. Redites trois fois le « Notre Père ». Remerciez les loas et démontez votre mise en place.

    Garder la poupée bien à l'abri pour que personne ne puisse jamais la voir.

Si vous voulez amplifier votre action au maximum, vous referez le même rituel à la même heure durant sept jours d'affilée sur la même poupée. Le dernier jour, avant l'aube, allez enterrer la poupée à proximité de l'habitation de la personne convoitée.

Ce dernier point n'est pas toujours possible à réaliser en ville. Dans ce cas, enterrez l'objet dans le cimetière le plus proche de l'habitation avec l'adresse de la personne désirée écrite sur le parchemin attaché aux vêtements de la poupée en disant : *« Bawon Samdi, je te confie l'objet de mes désirs. Rends-le-moi en chair et en os. »*

Dites trois fois en visualisant fortement la réalisation de votre demande puis partez sans vous retourner.

Nous vous avons donné un exemple appliqué à une demande sentimentale, mais il est évident que le même principe peut s'appliquer à tous les sujets.

Il vous suffira de changer de loas et d'encens.

Soyez malgré tout prudents dans votre pratique, car il s'agit là d'une magie très puissante grâce à laquelle vous pouvez forcer des individus à agir contre leur propre volonté. Vous pouvez ainsi, à distance, aider d'autres personnes à se sortir de problèmes ou à guérir des maladies dont ils sont accablés, mais dans tous les cas, n'avertissez pas l'individu de votre action. Celle-ci renforcera alors l'énergie du sujet sans la supplanter. N'oubliez pas non plus que la médecine est un art réservé aux professionnels. Vous pouvez aider quelqu'un à guérir, mais pas remplacer son médecin.

Pour vous faciliter la préparation de vos rituels, je vous renvoie au tableau des loas qui se trouve dans le premier chapitre. Nous sommes naturellement à votre disposition pour tout problème que vous pourriez rencontrer quant à la réalisation de ces rituels.

Les poupées fétiches et les masques de bois

Nous touchons ici à un domaine rarement évoqué, car très longtemps gardé secret par les sorciers détenteurs de la connaissance.

Vous pouvez trouver un peu partout les poupées de paille et de chiffon dont nous vous avons expliqué la fabrication et l'utilisation, mais les poupées de bois et les masques sont précieusement gardés dans l'obscurité des temples où seuls quelques rares initiés ont accès. Réceptacles d'égrégores particulièrement puissants, elles semblent presque vivantes.

Leur activation se fait lors de rituel que nous n'avons pas l'autorisation de divulguer, mais le fait est que posséder une de ces poupées vous permet de réussir toutes les opérations magiques possibles et d'avoir une protection maximum.

La possession de ces objets sacrés est une grande chance. Placée dans un endroit discret, l'idole de bois apprécie les cadeaux que son heureux possesseur ne va pas manquer de lui faire : alcool, riz, jus de fruits, un peu de farine, des colliers…

Le rituel pour obtenir la réalisation de ses souhaits rejoint les différentes cérémonies que nous avons déjà évoquées.

Le tracé des vévés sur le sol et l'invocation aux loas ne diffèrent pas, mais il est recommandé d'y accorder encore plus d'attention et de respect.

Une différence importante est à noter par rapport au travail avec les poupées de chiffon, la statue de bois ne va pas être détruite après chaque utilisation et pourra être réutilisée régulièrement. Il est même admis qu'à chaque utilisation les poupées et les masques se renforcent en énergie.

On n'y enfoncera pas d'aiguilles, la puissance développée par le fétiche étant telle que le simple fait de brûler le parchemin sur lequel vous aurez inscrit vos désirs sera suffisant à leur réalisation. Cependant, certaines exceptions existent pour amplifier au maximum l'effet obtenu.

Réalisés par des maîtres du vaudou, les poupées fétiches et masques de bois sont des œuvres spirituelles qui symbolisent Dieu ou l'un des loas. Ils vous protégeront, vous, votre maison, votre couple et vos enfants, au quotidien ainsi que lors de tous vos voyages et déplacements.

Les poupées fétiches vaudoues sont des objets d'art magiques très puissants, ce sont des objets sacrés, investis par la puissance du dieu vaudou. Dans une culture, où il n'y a pas de séparation entre le profane et le sacré et où toute la vie baigne dans le religieux, l'art est automatiquement lié à la spiritualité.

Un fétiche bénéfique va toujours écarter le mauvais œil et en éliminant toutes formes d'énergies négatives, sortilèges, vampirisation, mauvais esprits qui peuvent s'agglutiner sur votre aura, votre corps astral et dans votre maison.

Quelle que soit votre religion, vous pouvez utiliser les fétiches vaudous.

À l'origine, les statuettes et les masques vaudous étaient fabriqués par les sorciers artistes pour le Roi qui choisissait les pièces les plus belles et les plus efficaces pour lui et laissant les autres aux notables du pays. Il est bien évident que les pauvres vivants dans des cases n'avaient pas les moyens de s'offrir des protections aussi coûteuses. Ils avaient donc recours aux petits sachets de poudres de plantes, aux wangas et aux poupées de chiffons, beaucoup moins efficaces pour une bonne protection.

De nos jours, des artisans sérieux continuent cette tradition de fabrication des fétiches en statuette de bois, teck, acajou, bois de cola ou encore en ivoire, et même en os, en terre cuite ou en bronze. La couleur la plus répandue est le noir.

On peut trouver de nombreux fétiches anciens en vente dans des galeries d'art à des prix assez élevés en raison de leur caractère unique. Nous ne conseillons pas ce genre d'objet à celles et ceux qui cherchent une protection ou une aide efficace. En effet, ces statues anciennes ont certes une valeur artistique et une valeur d'antiquité, mais rien ne garantit qu'elles ne soient pas porteuses de mémoire, et chargées d'énergies diverses négatives plus dangereuses qu'efficaces. Ceux qui en ont fait l'expérience ont souvent subi de gros dommages avec l'obligation de s'en séparer. Leur provenance et origine étant totalement inconnues, il est toujours possible qu'elles aient été utilisées à des fins maléfiques ou destructrices.

Ayant eu la chance voici quelques années d'être en contact avec certains initiés, nous avons pu nous procurer certaines de ces poupées fétiches et nous avons toujours cette opportunité. Les lecteurs qui seraient intéressés par une telle expérimentation peuvent donc nous contacter[2].

Quelques masques et poupées fétiches

À titre indicatif, nous vous dévoilons quelques poupées fétiches parmi les plus répandues dans divers pays africains. Elles offrent à leur propriétaire une protection exceptionnellement efficace, dès lors bien sûr que la poupée fétiche ou le masque auront été activés par le rituel qui lui correspond.

Protection pendant les voyages, les masques passeport

Cette première série de masques dits « passeports » nous paraissent particulièrement intéressante, car certains de ces fétiches sont de petites tailles pour être facilement transportés dans un bagage lors d'un déplacement. Il faut les avoir sur soi pour tous les voyages, trajet du travail, courses pour les achats quotidiens, etc. Ces masques sont à glisser dans le cartable des enfants s'ils ont un trajet assez long pour se rendre à l'école.

Leur action de protection va bien au-delà du déplacement et continue même lorsqu'on reste fixé à son domicile. Certains sorciers vaudous recommandent de les garder sur soi en permanence.

Ces passeports sont très courants au Ghana, en Côte d'Ivoire, Guinée, Gabon et de nombreux autres pays africains.

2. Voir à la fin de l'ouvrage pour les contacts auteurs.

Masques TEKE

Passeports pour les petits voyages. Très populaire au Gabon. On peut le placer dans un sac ou un bagage, voire le porter sur soi en médaillon.

Petits masques passeports

DAN

Superbe masque très répandu en Côte d'Ivoire. S'utilise pour les oracles.

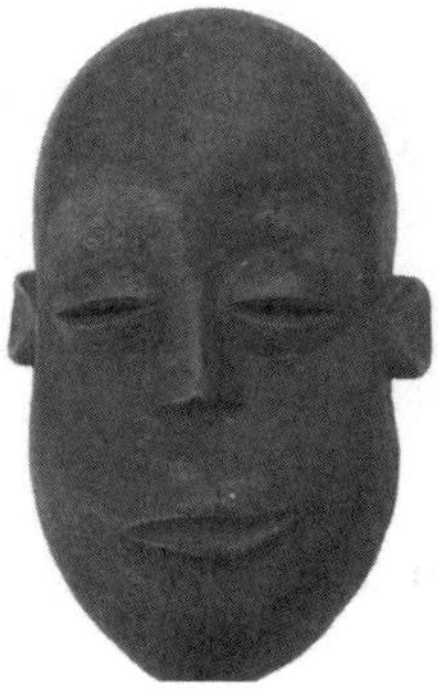

Masque TOUBO

Un masque passeport très répandu en Centrafrique. Une puissante protection pour tous les déplacements y compris les grands voyages. Il protège aussi la maison.

Masque TOUBO

Ce superbe masque Toubo a la particularité d'avoir des boucles d'oreilles et un collier de cauris autour de la tête, ce qui donne à son propriétaire un pouvoir de divination en plus de la protection des voyages et de la maison.

MEDAM

Protection à porter sur soi impérativement pour les grands voyages et les grands déplacements, que ce soit en voiture, en bus, en train et surtout impérativement en avion. Elle est très répandue au Zaïre.

FÉTICHE PENDE

Il s'offre aux jeunes quand ils entrent dans l'âge adulte et sert aux cérémonies qui sont données à cette occasion.

FÉTICHE HOUGUINI

Une superbe pièce taillée dans de la pierre qui atteint des prix très élevée en tant que pièce rare et unique de collection. Il protège tout le village, une communauté ou une grande famille.

DÉESSE LEGA

Avec un visage qui regarde vers le nord, un au sud, un à l'est et un à l'ouest, Lega peut surveiller la maison aux quatre points cardinaux et jeter un sort à un individu mal intentionné qui cherche à déposer chez vous un objet maléfique. C'est la meilleure protection possible pour la maison.

Cette statuette fétiche représente également une femme qui tient son enfant sur ses genoux. La protection est pour la mère et l'enfant.

ASHANTI

Déesse de la fécondité, elle est recommandée :
- À tous les jeunes mariées qui doivent la déposer sur la table de nuit de leur chambre nuptiale.
- À toutes les épouses qui veulent donner rapidement un enfant à leur mari.
- Aux femmes ayant des difficultés pour être enceinte.

DÉESSE KOTA

La déesse KOTA sert à vous soulager le cœur de vos regrets, des fautes que vous auriez pu commettre et vous confessera et absoudra vos pêchers comme Dieu lui-même le ferait.
Les sorciers s'en servent pour pour la confession et la paix dans les villages.

Fétiche BAKOMGO

On voit nettement son miroir au niveau du ventre, un peu comme une boule de cristal qui lui donne un grand pouvoir de divination pour prédire l'avenir et pour favoriser les rêves prémonitoires.

Déesse LÉGA

Son bras en l'air lui permet de communiquer avec les morts qui ont rejoints les mondes célestes. Ce fétiche permet d'entrer en contact avec ses défunts. Les deux bras relevés indiquent que l'on a perdu son père et sa mère. Elle est très courante dans les danses rituelles d'appels aux disparus.

Statuette VILLY

Femme enceinte qui porte un vase sur la tête pour avoir une réserve d'eau. Elle porte bonheur aux femmes enceintes.

La protection des couples

Couple représenté par une statuette d'homme et une statuette de femme. Elle est utilisée pour la protection des mariés.

Une seule statuette fétiche pour représenter l'homme et la femme avec deux antennes.

Autres objets fétiches et animaux porte-bonheur

Trois petits singes qui se ferment les yeux, se bouchent les oreilles et les narines. Protection contre médisances, calomnies, bavardages, ragots, dénigrements, diffamations, le mauvais œil et les mauvaises languse.

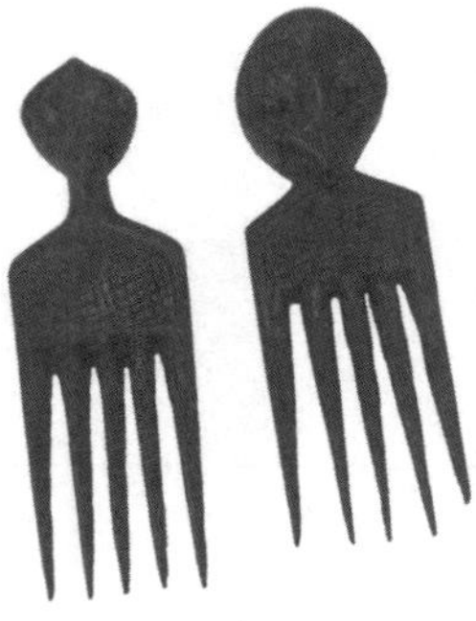

Ces peignes fétiches servent à se coiffer et à éloigner les mauvais esprits qui cherchent à pénétrer dans la tête par les cheveux. Ils éloignent aussi les mauvaises pensées. Ils sont à utiliser impérativement lors des mariages et toutes sortes de cérémonie.

L'ÉLÉPHANT, FÉTICHE DE RÉUSSITE

Il permet d'attirer la réussite et le succès dans votre vie. On peut lui adresser des demandes personnelles spécifiques : épreuve sportive, examen, permis de conduire, entretient d'embauche, etc.

Rituel de protection sur un masque ou une statuette fétiche

Comme exemple de réalisations possible, nous allons vous expliquer un rituel vous permettant d'obtenir la protection d'un fétiche.

MATÉRIEL :

- Une statuette mâle ou femelle, suivant le sexe de la personne à protéger.
- Un brasero à charbon de bois et de l'encens *dragon Powder.*
- Un morceau de parchemin sur lequel vous aurez écrit votre nom ou le nom de la personne à protéger.
- Un morceau de parchemin vierge.
- De l'encre de Chine et une plume.
- De la farine de maïs pour dessiner les vévés.
- Une table qui servira d'autel.
- Un couteau à manche blanc.
- Trois chandelles magiques.
- Du rhum, un cigare.

Quand pratiquer ce rituel ?

La nuit du vendredi au samedi à la première heure du matin de préférence en lune montante.

Réalisation du rituel

1 Commencez toujours vos rituels par la récitation de trois « Notre Père ».

2 Dessinez les vévés des loas qui vont être invoqués : Erzulie, Bawon Samdi et Legba.

3 Quand les vévés sont prêts, allumez le braséro et saupoudrez-le de *Dragon Powder.*

4 Allumez les chandelles. Dites les invocations à Legba, Erzulie et enfin Bawon Samdi.

5 Attachez le parchemin sur lequel est inscrit votre nom sur la poupée en le piquant d'une aiguille sur la tête. Tenez alors votre poupée au-dessus de braséro en disant les paroles suivantes :

« Papa Legba, maîtres des portes de l'au-delà, Erzulie, déesse de l'amour, Bawon Samdi, maitre des morts, faites que par votre puissance cette cérémonie lie (le nom de la personne concernée) et cette statue, représentation de votre toute-puissance qui le protégera jusqu'à la fin des temps. Et que par la volonté de Legba, d'Erzulie et de Bawon Samdi je (ou elle) sois protégé(e) à jamais.»

Dites ces mots trois fois d'affilée puis écrivez-les sur le parchemin vierge.

6 Piquez le parchemin sur le couteau et faites-le brûler à la flamme des chandelles en prononçant de nouveau les mots écrits.

7 Prenez une gorgée de rhum et allumez votre cigare. Recrachez alcool et fumée sur le brasero en refaisant l'invocation aux loas.

8 Redites le « Notre Père ».

9 Remerciez les loas et démontez votre installation.

Vous garderez la poupée dans un endroit connu de vous seul. Personne ne pourra jamais la voir sous peine de bloquer et en dévier les forces protectrices. Toute information complémentaire concernant ce rituel ou d'autres peut naturellement être obtenue auprès des auteurs.

Conclusion

Nous voici arrivés à la fin de ce périple sur le vaudou.

Nous espérons que cet ouvrage vous aura donné le goût d'aller plus loin dans la découverte de cet univers mystérieux empli de tout ce qui fait l'existence, l'amour et la haine, la vie et la mort. Le vaudou nous laisse entrevoir dans sa diversité ce que les hommes peuvent obtenir quand ils s'associent aux dieux pour survivre quoiqu'il se passe.C'est un voyage dans l'univers virtuel qui a permis à un peuple opprimé de survivre. Prenons exemple sur ce peuple pour pouvoir harmoniser notre propre existence.

Lexique

Açon : hochet magique, symbole de la puissance du prêtre vaudou.

Aïda et Oueddo : dieu féminin de l'initiation.

Agoué : loa protecteur de la navigation.

Ayizan : prêtresse vaudoue devenue loa, préside à la transmission de la connaissance.

Bondye et Gwanmet : voir Olorun.

Bawon Samdi : loa maître des cimetières.

Bénin : Ancien Dahomey, pays d'Afrique d'où vient la majeure partie des esclaves et terre d'origine de la majorité des rites du vaudou.

Boula : tambour typique du rite Rada, recouvert de peau de vache.

Bokors : sorciers vaudous mélangeant magie blanche et magie noire.

Bakas : esprits malfaisants au service des sorciers. Ils se présentent sous forme de poussins à tête de crapaud.

Boulés-Zins : boulettes de maïs préparées pour la cérémonie d'initiation.

Conquistadors : conquérants espagnols de l'Amérique du Sud à partir du quinzième siècle.

Congos : rites vaudous s'attachant beaucoup plus aux besoins matériels des adeptes.

Cabocles : esprits de la nature, restes des anciennes religions des Caraïbes.

Confiance caye : assistante du Houngan, responsable du bon déroulement des cérémonies.

Collier maldioque : collier sacré, symbole des Kanzos.

Cauris : coquillage d'origine africaine utilisé pour la voyance.

Dominicains : ordre religieux chrétien fondé par Saint Dominique en 1217. Les Dominicains se firent surtout connaître par leur tendance à un prosélytisme violent. Ils furent souvent opposés à leurs homologues jésuites.

Dan Ba : dieu serpent, représentant l'être suprême dans certains rites vaudous.

Damballah : autre nom du dieu serpent.

Dragon Powder : encens spécifique pour les rituels d'amour.

Dagydes : poupées de cire, de bois ou de paille représentant la victime d'un envoûtement.

Eldorado : pays mythique que les conquistadors espéraient découvrir. La légende raconte que l'or s'y trouvait à profusion. C'est pour s'approprier ces richesses imaginaires que les conquérants européens massacrèrent la majorité des civilisations autochtones.

Erzulie : loa de l'amour.

Egrégore : concentration énergétique créée dans un but magique.

Exu : maître des démons dans le Macumba brésilien.

Fa : énergie suprême à l'origine de la création.

Guédés : esprit des morts.

Ginen : paradis vaudou.

Gwobonange : part de l'essence divine présente en tout être humain.

Guévédi : ethnie la plus ancienne connue au Bénin.

Gwande Brigitte : épouse de Bawon Samdi et maîtresse des cimetières.

Gran Bwa : loa de la nature et des forêts.

Guévo : pièce d'isolement pour les futurs initiés.

Govis : pot de terre symbolisant la bouche des esprits.

Hounfor : temple vaudou.

Hounssi : assistante du Houngan. Ce sont les premières à être possédées par les loas durant les cérémonies.

Hougenikon : responsable des choeurs du temple.

Hogou : loa des voyages et du combat.

Hogan : instrument métallique servant à battre le Boula.

Houngan : prêtre vaudou.

Iemanja : version brésilienne de Erzulie, déesse de l'amour.

Jésuites : ordre religieux fondé en 1534 par un gentilhomme espagnol, Ignace de Loyola. L'ordre des Jésuites s'est particulièrement intéressé à l'évangélisation des colonies et à l'éducation.

Kanzos : nouveaux initiés.

Ko Kadav : corps physiques dans la religion vaudoue.

Kalfou : loa, maître des destinées.

Loas : esprits adorés par les adeptes du vaudou. Ils peuvent être comparés aux anges et aux saints chrétiens.

Loas-racines : loas protecteurs de la famille transmis par héritage.

Loa maître-tête : principal loa responsable de chacun d'entre nous.

Loa Ronins : esprits mercenaires se mettant à la disposition du plus offrant, considérés en général comme particulièrement puissants et dangereux.

Legba : loa gardien des portes de l'au-delà, protecteur des foyers.

Le Nâm : corps énergétiques, base de notre fonctionnement.

Lenglen : représentation des tambours sacrés, habitations des loas.

Loko : loa de l'agriculture.

Loa-manger : remise des offrandes aux esprits invoqués.

Macumba : nom brésilien du vaudou.

Mambo : grande prêtresse vaudoue.

Marassa : loas jumeaux représentant le bien et le mal.

Mawu-Lisa : dieu créateur, porteur des énergies masculines et féminines.

Money Drawging Powder : encens spécifique pour les rituels d'argent.

Nanu-Baluku : autre nom de Fa.

Nago : loa de la terre et des forgerons.

Occultum : temple de magie occidentale.

Olorun : autre nom de Mawu-Lisa en Haïti.

Ogum : version brésilienne de Hogou.

Omulu : équivalent brésilien d'Agoué.

Oxum : représentation brésilienne du maître du bien, souvent comparé à Jésus-Christ.

Oxossi : maître des forêts dans le Macumba brésilien.

Petros : mixage entre les rites des différentes ethnies africaines importées durant la période de l'esclavage. Le Petro est considéré comme un rite particulièrement violent. On le retrouve souvent dans le cadre des opérations de magie noire.

Poteau mitan : pilier central de la salle de cérémonie du temple vaudou. Il représente la liaison entre le ciel et la terre.

Pe : autel rituel vaudou.

Pot'tet : pot de porcelaine contenant l'âme des initiés.

Paketscongos : amulette assurant l'équilibre et la bonne santé énergétique de l'initié.

Raras et les Sans Poils : sectes pratiquant la magie noire.

Santeria : nom cubain du vaudou.

Simibi : talisman de protection.

Scopolamine : agent contenu dans la Datura, plante hallucinogène, élément important dans les drogues destinées à fabriquer des zombies. La scopolamine a été l'une des premières substances utilisées lors de la Première Guerre mondiale pour fabriquer de sérum de vérité.

Tibonange : partie de l'âme s'attachant à notre personnalité, aussi considérée comme une sorte d'ange gardien.

Tétradotoxine : toxine hallucinogène dangereuse que l'on trouve entre autres dans la peau de certains crapauds. Cette substance entre dans la composition de différents élixirs vaudous.

Vaudou ou Vodoo : religion en provenance d'Afrique, présente partout où des esclaves ont été importés.

Vaudou Arada : forme de vaudou la plus proche des rites de base africains.

Vaudouisant : adepte du vaudou.

Vévé : représentation graphique des loas.

Vévé des secrets : représentation syncrétique de la cosmogonie vaudoue.

Xango : version brésilienne de Hogou.

Zétoil : interface entre le monde des humains et celui des loas.

Zombie : personne réduite en esclavage complet grâce à la destruction de sa personnalité par les sorciers vaudous. Généralement connus comme des morts-vivants.

Zombie-savane : zombie remis en liberté par son maître et errant sans conscience dans la nature.

Zandors : rite secret réservé à certaines sectes d'initiés. Il donnerait à ses adeptes des pouvoirs tout à fait particuliers (invisibilité, lycanthropie, etc.)

Zin-zin : loa d'initiation des nouveaux adeptes du vaudou.

Zins : poterie sacrée servant à la préparation des offrandes durant l'initiation.

Zobop : sorciers maléfiques.

Bibliographie

Notes privées de voyages, de Pierre Marichal et de Pierre de Saint-Amand.

Le Yi-king, collection Marabout Savoir Pratique, 1997.

Jean Kerboull, *Le vaudou, magie ou religion*, collection Les énigmes de l'univers, Robert Laffont, 1973.

Alfred Métraux, « Le vaudou haïtien, société de sorciers et zombies », *Les lettres nouvelles*, n°64, 1958.

Geoffrey Parrinde, *La religion en Afrique occidentale*, Payot, Paris, 1950.

Milo Rigaud, *La tradition voudoo et le voudoo haïtien*, Niclaus, Paris, 1953.

Sylvain Beaumont, *Le vaudou, initiation aux rituels de ce culte fascinant*, Éditions Axiome, 2000.

Aba Vaugh, *Magie vaudou*, éditions Savoir pour être, Bruxelles, 1993.

Claude Planson, *Vaudou, un initié parle*, Jean Dullis éditeur, collection Dieu, Paris, 1974.

Pierre Marichal, *La pensée pouvoir*, Éditions Axiome, 2000.

David Saint-Clair, *Macumba, énigmes et mystères du Brésil*, Éditions Frontières de l'inconnu, 1971.

Table des matières

Si vous souhaitez contacter les auteurs concernant cet ouvrage :
marichalconseil@yahoo.fr

Crédits iconographiques :
Shutterstock ©Daria Ustiugova
Photographies ©Pierre de Saint-Amand

Achevé d'imprimer en avril 2021
dans les ateliers d'Evoluprint
31150 Bruguières